名师名校名校长

凝聚名师共识
回应名师关怀
打造名师品牌
培育名师群体

郭明达题字

深圳市育新学校"非对称性"教育理念系列

总有一种温暖属于你

深圳市杨波名班主任工作室
教育案例集

杨波◎主编

中国文联出版社

图书在版编目（CIP）数据

总有一种温暖属于你：深圳市杨波名班主任工作室
教育案例集 / 杨波主编. — 北京：中国文联出版社，
2022.6
ISBN 978-7-5190-4866-2

Ⅰ.①总… Ⅱ.①杨… Ⅲ.①班主任工作—案例
Ⅳ.①G451.6

中国版本图书馆CIP数据核字（2022）第086879号

编　　者　杨　波
责任编辑　刘　旭
责任校对　吉雅欣
装帧设计　刘贝贝　李　娜

出版发行　中国文联出版社有限公司
社　　址　北京市朝阳区农展馆南里10号　　邮编　100125
电　　话　010-85923025（发行部）　　010-85923091（总编室）
经　　销　全国新华书店等
印　　刷　北京四海锦诚印刷技术有限公司

开　　本　710毫米×1000毫米　　1/16
印　　张　11
字　　数　172千字
版　　次　2022年6月第1版第1次印刷
定　　价　58.00元

编委会

主　编：杨　波

副主编：蔡彦锋　毛武毅

编　委：屈　姣　张　敏　史资红　文良勇

　　　　汪小明　王世风　徐选文　邓桃芳

　　　　宋延兵　吴　莹

前　言

近些年来，罪错未成年人矫正教育屡屡成为社会关注的热点，尤其是对于不追究刑事责任但行为严重不良的未成年人，存在着学校不敢管、家人管不住的现象，成为社会某种"隐秘的角落"。同时，对罪错未成年人的教育感化也存在力度不足、效果不佳的问题。

随着《中华人民共和国预防未成年人犯罪法》的公布，法律明确指出，专门教育是国民教育体系的组成部分，是对有严重不良行为的未成年人进行教育和矫正的重要保护处分措施。对有严重不良行为的未成年人，未成年人的父母或者其他监护人、所在学校无力管教或者管教无效的，可以向专门教育指导委员会提出申请，经评估决定后将其送入专门学校接受专门教育。

深圳市育新学校作为深圳市唯一的专门教育学校，针对学校专门教育的特殊性质、学校学生文化基础薄弱和行为习惯较差的特点，杨焕亮校长结合分管深圳市教育信息化六年的经历，灵活融合应用信息化"非对称性原则"，明确提出如果普通学校穿"对称性"的鞋走路，中职学校（专门学校）就要穿"非对称性"的鞋才合脚。因此，2018年学校在全国基础教育首创"非对称性"教育理念，有效引领学校育人目标、课程规划、管理机制等的非对称性设置，帮助学生"换道超车"，努力成就学校、教师、学生不一样的精彩。

杨波名班主任工作室成员以班主任在专门教育实际工作中遇见的鲜活案例为原型，设置教育转化情景模拟，对案例中的学生行为、心理方式进行分类剖析，深刻分析各个典型案例背后学生行为产生的原因并记录学生转化过程中的心理活动，在典型案例问题解决的过程中结合学生行为、心理活动、教育学、心理学原理，最终为专门教育矫正教育提供了一批典型的接受专门教育少年个案矫正转化的最优解决方案。

本丛书采集了班主任工作中遇到的常见的典型案例，案例内容清晰，分析透彻，理念先进，实践性强，是年轻班主任学习借鉴的好素材。本丛书的出版，一方面为奋斗在一线的年轻班主任提供了案例范本，可帮助年轻班主任快速成长；另一方面也是抛砖引玉，希望更多的年轻班主任参与到专门教育案例的采集和出版中来，从而实现百花齐放、百家争鸣的景象，为新时代专门教育事业的发展共同努力！

目 录

个案成长篇

班级管理篇

个案成长篇

凝练教育智慧实现自我教育

深圳市育新学校　杨　波

【主题】

苏霍姆林斯基说："只有能够激发学生去进行自我教育的教育，才是真正的教育。"在中职学生的教育管理过程中，最终要落实到学生的自我教育上。而自我教育则需要教育者善于将教育思想、教育理论、教育经验凝练成具体的教育智慧，帮助学生实现自我教育。

【案例描述】

随着信息化的发展、5G时代的到来，特别是国内手机支付的便利，手机对于每个中职学生来说基本都是不可或缺的东西。而针对学生在校用手机的问题，根据我粗略的调研，目前大部分中职学生在校期间都是可以用手机的，因此伴着这便利也会产生很多管理上的问题。而班主任应该从被动管理中解放出来，帮助学生学会自我教育、自我管理，才能从根本上解决问题。

我所带的班级是汽修班，孩子们在实操过程中是激情高涨，但是在文化课学习方面就不那么理想了。那天好几名老师都反映，"你们班的学生，上课睡觉倒下一大片，今天上课一个个都无精打采，不知道是怎么回事"。经过我跟生活老师沟通了解，才知道总是有学生半夜偷偷躲在被窝玩手机，所以第二天没精神。最好笑的是把手机上交代管，竟然收上来几个手机模型，让人哭笑不得。后来通过制定班级公约、班干部监督、严防死堵表面上好像风平浪静了很多。

在严防死堵下，虽能表面风平浪静，但是下面却暗流汹涌。平时我总是以老大哥的身份出现在学生的生活当中，学生也谈不上怕我，一些调皮的孩子还总喜欢调侃。所以班级群里也比较活跃，我偶尔也会发个红包活跃下气氛。那天晚上睡得比较晚，临睡觉的时候在班级发了一个红包。好家伙，我们班有45个人，结果有20多个人在抢红包。一时间，我倒睡不着了，不知道接下来该如何处理。

后来我在班级展开了一个小调查，看看大家平时使用手机都用来干什么。经过我了解，手机里面有一个数据使用量和具体应用前台工作时长的功能，为了让这个小调查不那么严肃我带头分享我的手机使用情况。同学们也都跟着分享，抖音、"吃鸡游戏"、微信都排在前几位。其实那天刚好是班会时间，如果说专门开一个主题班会，大家还都挺排斥的，突然有这个契机，大家都积极地展开了批评和少量的自我批评。一时间，教室里热闹得不行。然后让大家共同讨论一下手机使用时间段和规范，这一切都顺理成章。有同学马上就提出来，"我看有些班买的那个手机袋挺好的，我们也买一个，上课大家都放袋子里好了。"有的同学互相开玩笑道："那谁，你这种半夜玩手机的就应该吊起来打。"惹得一阵笑声……

不玩手机以后做些什么呢？我们汽修是和尚班，大都会打篮球，参加篮球比赛的时候一个个热情高涨，利用篮球赛的契机自行商讨战术、首发替补阵容，享受别的班女生投来的关注的目光，过一段时间甚至跟别的班发挑战书。后来学校有拳击队，又有一部分人认为，拳击才是男人的运动，一个个开始攀比起来了，男性荷尔蒙开始膨胀了。学校有文艺晚会，我们班缺乏这样能歌善舞的，我说提议他们去搞一辆汽车开过去，分解再拼装，然后再开出来，这样多霸气，他们也的确做到了。

再后来，有一天晚上，我怀着忐忑的心情在班级群里发了一个红包，这个红包静静地躺了10分钟还是没有人来抢……我突然觉得困了，那晚睡得特别香。

【方法策略】

"整体分析，核心理念引导。"无限相信书籍的力量，迷茫的时候在书中寻找智慧，当时有这么一句话触动了我，"德育的最终目标是让学生学会管理、自主管理。"如果一味地去防、去堵或者被动的"公约"、监督，并不能让每个学生从思想上充分认识到问题，"上有政策，下有对策"，对于手机问题就会陷入死循环。

"做一面镜子，成为一名教练。"中职的学生，生活经历丰富，他们不缺"大道理"，而是看不到自己真正存在的问题，而这时班主任就需要成为一面镜子，帮助他们看清自己。在案例中我便是用手机特定功能让他们去自己检查、自己分析，达到自我警醒、自我教育的目的。

"凝练教育智慧，朋辈教育达成。"善于将教育思想、教育理论、教育经验凝练成具体的教育智慧。本案例中通过批评与自我批评，朋辈间的潜移默化教育形成正面舆论，让每个学生充分认识到自己的问题，从而进行自我教育。

"南风效应，换掉奶嘴。"由于青春期处于皮亚杰所指的形式运算阶段，有很多不确定性的设想。埃里克森也提到了同一性的问题，他们很渴望被认同。由于文化课基础薄弱，习得性无助，他们就会将目光转移到游戏、小视频等能得到安慰的"奶嘴"上。而我们则需要陪着他们找到阳光、健康、有利于成长的自我实现途径。

【分析思考】

经常会听到一些班主任谈到自己在工作过程中与学生"斗智斗勇"的故事，其中确实也不乏教育智慧，但我觉得班主任工作不能仅仅停留在"斗"上面，更不能无形地站到了学生的对立面。要深入分析班级、学生具体问题，找到问题根源，找到科学的解决方案，凝练出教育智慧，像一面镜子一样映出学生存在的问题，帮助学生形成正面的信念，付诸行动，逐步达到自我教育。

在这件事情中，我从斗智斗勇的形式中解放了出来，以自我教育、自我管理服务学生的态度来进行教育，再充分发挥自己的教育智慧，寻求更适合学生特点的朋辈教育方法进行引导，收到了意想不到的效果。

自我教育并不是一个新的话题，然而需要在实践中生动地应用起来，或许才能深刻地领会其中的含义。在学习中感悟，在感悟中成长，一名合格的班主任，应该有扎实的教育学、心理学知识，善于分析学生的身心成长规律，选择合适的教育策略，善于凝练教育智慧帮助学生逐步实现自我教育。

陪伴与守护

深圳市育新学校　杨　波

【主题】

有人说"陪伴是最长情的告白，守护是最沉默的陪伴"，初中的孩子大都处于青春期的早、中期，他们需要形成自我同一性，他们在成长过程中要逐步形成情感自主性、行为自主性和价值观自主性。而这个过程需要家长和学校共同努力陪伴、守护。

【案例描述】

当大家还没有从长假的松懈中调整好状态的时候，接到教务处的通知，我们班来了一个新生。那年我任初二一班班主任，我和小欣产生了交集。

身形单薄，看任何人都是带着一种鄙夷的眼神，最显眼的就是左耳上扎的那两个耳环。从家长那里了解到他只有15岁，却抽烟、打架、旷课、向同学收保护费等，脾气暴躁，同学也是敢怒不敢言，学习成绩更是一落千丈。经常出入网吧、游戏厅、酒吧之类的场所，让原班主任操尽了心，让家长费尽了神。

我和他第一次谈话很不愉快。作为新生，按照惯例我要了解基本情况建立档案，我把他约进办公室谈话。我的问题无非就是兴趣、爱好、特长、学习习惯、生活习惯等，而他依旧是那副表情，不可一世的样子。谈话开始的时候我问三句他答一句，不多说一个字，甚至到了后面他冒出一句："老师，你好烦哦。"我提前终止了谈话，我说："那等你想说的时候我们再开始吧。"

我始终相信，人非草木，孰能无情。在之后的生活当中我着重观察他的言行。在一次课外活动的时候我和其他学生都在打篮球，而他一个人在一旁眼睛盯着篮框若有所思。我说："小欣过来打篮球，少一个人。"之前我从他父亲那里了解到的情况是他酷爱打篮球，或许可以从打篮球这里切入，我是这么想的。他说："我不会打。"说完转身离开，当时很尴尬。事后我见到他，随便问了一句："叫你打篮球你为什么不打？"

他说："我不会打啊。"

我说："你不是天天出去找人打篮球么，怎么不会呢？"

"我不想和他们打。"

"都是同学，何必呢，你不和别人玩，你一个人难道不无聊么？"

"是啊，很无聊啊，我想回原来的学校读。"

"等你表现好，给我一个让你转学的理由再说吧。"

很简单的几句对话，很常见的回答。是啊，他毕竟是个孩子。11月天气渐寒，我平时休息又较晚，改完学生日记都快12点了。简单洗漱准备睡觉。睡觉前习惯性地清点人数，检查就寝情况。借助手机微弱的光线一个、两个、三个……当我来到小欣的床前他"大"字躺在那里，被子都掉地上了。我捡起来帮他盖上，不小心弄醒他了，他看了我一眼，头转过去继续睡觉。就这一个简单的动作，无论哪个老师看到都会去做的动作，事后在他平时寥寥十余字的日记里他表达了对我的感谢，对我的态度也有所改善，随后的几次谈话中，我们聊了很多，他父母不了解他，遇到事情总是打骂他，他更喜欢他那个做网管的朋友，在那里吃喝玩还可以睡觉……当我再次邀请他打篮球的时候他同意了，并表现出非凡的球技，得到同学夸赞。有的同学也主动和他调侃，他和同学间的关系发生了微妙的变化，和其中一个走得越来越近。我觉得起码他没有那么寂寞了，有了自己的朋友。

但是好景不长，根据我们学校的规定，在校期间不允许带手机。周日下午返校有人带了手机在宿舍玩，周一一大早发现手机不见了。班级出现这样的事情，又恰逢周一班会，我在班会课上提到这件事情，我说："我们班小标把手机丢了，首先，我要批评这位同学，私自带手机来学校。其次，他的手机是我们班学生拿的还是楼上同学拿的我不能确定。但是如果是我们班哪位同学和别人开玩笑把手机藏起来了，我希望能尽快交给我。如果觉得不好意思的话，门口有个密封的纸箱可以伸只手进去，一个一个出去把手伸进去然后回教室。"当最后一名学生回到教室箱子依旧是空的。既然有人不能主动承认错误，下午我去了监控室查了楼道的监控录像。凌晨3点15分，有一个身影从407宿舍蹑手蹑脚出来，不开灯走进洗手间，再从里面伸只手出来把灯打开，这异常的举动引起了我的注意。等他出来的时候监控录像定格在3点20分13秒，从模糊的面容和身形上判断，他就是小欣！既然我已经知道结果了，按照一般的思路肯定是把他叫办公室给他做思想工作，让他交出手机。但是我没有，他是一个不轻易认错和表达自己情感的孩子，这样一来会给他造成心理上的自卑，让其他同学知道也会更排斥他，以前所做的努力便会付诸东流。我仍然是摆着一副不知所措的态度，让他们宿舍每个人写那天晚上自己都做了些什么，一个一个谈话，给他打掩护。当到了他的时候我把别人所写的事情经过和他写的拿出来对比，就只有他所说所写和别人所写的完全对不上。他显得非常冷静，一副很无辜的样子，或许这已经不是他第一次干这样的事情了。我并没有直接点破，我列举我以前是如何处理这类事情的，是如何保护那个学生的，并从家庭、习惯、责任心等方面引导，当他慢慢低下头的时候我觉得应该差不多时机了。我说："每个人都会有一时冲动做错事情的时候，但是当他能认识到问题的时候我们应该给他改过的机会，就这件事情而言，就算是你干的我也不会公布出去，我会说在楼下草丛中找到的，这件事情也只有你和我知道。"最终他承认了，他走出办公室在消防栓后面拿出手机给我，并一再强调，他当我是朋友才把手机给我的，一定要让我帮他保守秘密，我会意地点了点头。

【方法策略】

关系破冰。在第一次与他沟通受挫后，我认真分析他的案例，也咨询过学校的心理老师。我们达成共识：由于年龄偏大不合群，甚至不屑与同学交往，长期旷课与校外不良青年交往导致内心复杂，心理年龄偏大，表现出来的则是一种很强的戒备心理，在接下来的沟通过程中首先要消除他的戒备。

用爱感化。通过语言、行为为学生创造良好的情感体验，其实在"盖被子"的教育契机以外，我在生活中也通过眼神交流、语言激励、尊重理解等方式为他创造良好的情感体验氛围，因此教育契机的达成并非偶然。

陪伴成长。学生的行为习惯养成教育需要在日常生活中不断进行强化巩固，在学生的思想、行为问题出现反复的时候，需要班主任有更多的耐心不抛弃、不放弃，静心陪伴，不因一两次教育的挫折而失去信心。

用爱守护。当学生在成长过程中出现尖锐问题时，充分尊重学生的人格，在处理问题的过程中用爱守护，尊重学生的人格，守护孩子的自尊，采用合理的解决方式，体现教育智慧，孩子才能在守护中茁壮成长。

【分析思考】

这件事情以后，他的个性也发生了变化，渐渐地我发现他课间有了笑声，体育场上能看到他的背影了，课堂上不再一个人发呆。我想他之前的种种行为或许是一种自卑，当老师能尊重他、给他改正的机会、没有直接否定他的时候，他反而能得到释怀。

当孩子出现问题的时候我们不能直接为了解决问题而去处理这件事情。我们应该更深层次地通过沟通了解孩子的内心世界。

一步一个台阶攀登梦想

深圳市育新学校　杨　波

【主题】

专门教育学校孩子的各类问题相对突出、广泛。深圳市专门教育学校，由于深圳改革开放四十余年，在经济快速发展、社会文化多元发展的背景下，如果由于家庭教育环境欠佳、人际关系复杂、学业压力大等因素导致孩子在行为习惯方面表现出的格格不入，对孩子的个人成长会产生很大的负面影响。本文以专门教育学校学生行为习惯转化教育过程中的点滴为例，从生活琐事着手，由简到难，由感性到理性逐步深入引导孩子在情感、行为、价值观等方面小步快走，一步一个台阶，实现不一样的精彩。

【案例描述】

14岁的"水哥"原来在深圳某重点中学就读初二，因为说话从来不假思索，喜欢吹牛，总是说一些不合时宜的话，所以大家都称他为"水哥"。"水哥"可不简单，在家受到爷爷奶奶的万般宠爱，俨然是家里的小皇帝，即便做错事情，爸爸妈妈批评几句便遭到辱骂，有的时候甚至以离家出走威胁。在学校就更不可一世了，与校外一些不良青年勾结，以小帮派的名义在学校收"保护费"，"水哥"最经常说的一句话就是"一包芙蓉王，130块钱，包你这个月无事"。拿到钱上网、玩网络游戏、请帮派的朋友吃喝，半天时间就挥霍一空。旷课已经是家常便饭了，对于老师的批评更是不屑一顾，有的时候甚至出言顶撞。在大家心目中，"水哥"就是那个整天骑着摩托车，叼根烟在校门外飞来飞去的小飞侠。在学校学生处和家长劝说"水哥"转学来深圳市育新学校改正自己的不良行为习惯，迫于压力，"水哥"很不情愿地答应了。

"水哥"转学来我们班后，我第一次看到他的时候是一个夏天，黄黄的头发，大大咧咧的神情，咄咄逼人的语气，非主流的打扮，很难看得出来这仅仅是一个13岁的孩子。与家长了解学生基本情况以后，"水哥"便办理了入学手续。

"水哥"刚来我们班，因为要建立新生档案，我找他了解情况。我问："你就是××吧？你怎么想到转学来我们学校？""水哥"说："唉，没有办法，我爸妈让我来，我不想来的，他们整天说很烦，我就勉强答应咯。"我继续说："我们学校你了解吧？半军事化管理，管理严格，生活内务要自己解决，比以前辛苦一些，你要做好心理准备哦。""水哥"不以为然："我知道，有什么办法呢，不过我适应能力很强。""那你有什么特长？""打架，我可以1挑3。"我笑了笑："这勉强算你的特长吧，那你有什么缺点呢？""收保护费咯，打架、旷课咯，""水哥"很淡定地回答道，"哎呀，这些都不算什么啦，你可别像我原来班主任一样跟我讲大道理，听得我都想睡觉了。"我沉默片刻："好吧，我只是想互相认识下而已，没有想批评你的意思，你可以走了。"

这样的学生在周边不良的风气影响下，已经初步建立了自己的价值观。当然，这些价值观都是违背社会道德和法律规定的。在这样的情况下，简单地说教已经不能解决什么问题。我想，对于"水哥"的教育，我应该从建立信任开始。

"水哥"的生活习惯很差，正值夏季，经过一天的学习和课外活动每个人都出了一身臭汗。到了洗澡时间，"水哥"磨磨蹭蹭不愿意洗澡，我催促了好几遍都无动于衷，我发动大家的力量，我大声说："××同学，你这是不打算洗澡吗？浑身臭汗，你要熏死我们吗？"正在一旁的几个同学哈哈大笑，"水哥"很不好意思："我有说不洗吗，我只是发扬风格让其他人先洗而已。"这招果然奏效，"水哥"去洗澡了，慢慢也养成了习惯，在生活习惯方面改变了第一步。洗衣服是每个寄宿生每天必做的事情，这可愁死"水哥"了，最后他决定把衣服丢进水桶里面用水冲几遍就准备挂起来。我看到以后拦住了他，我说："你这哪叫洗衣服啊，你这分明就是涮衣服。""应该这么洗"我边说边教他洗衣服。"水哥"不好意思地站一旁看着。"我会洗的啦，你看是不是这样？""水哥"一边说一边模仿我洗衣服的动作。以后不管是内务整理、打扫卫生，我都亲自去监督，因为"水哥"再倔强，他也只是一个14岁的孩子。对于这些基本的生活自理能力，他是没有概念的。经过一段时间的监督，"水哥"学会了很多，洗衣服、拖地、整理内务……看着他得意的样子，我觉得有些欣慰。

但是对于一个孩子行为习惯的转变，应该追求其根源，孩子如此偏离正常生活轨道，一方面是爷爷奶奶的溺爱和爸爸妈妈的责备，另一方面原来学校附近的社会风气也严重影响了他，"水哥"对于自己的行为完全没有正确的认识，到底是爷爷奶奶袒护、别人习以为常的这些对？还是爸爸妈妈、老师教育的对呢？

我们班规定每天7点钟之前必须洗完澡，洗完澡以后看深圳台的《第一现场》，这个节目经常揭露一些社会上的不良风气，我认为这个比较适合他，每天要求他和我一起看，看的时候我时不时地感叹下，其实也是说给他听，相对于简单的说教，我想这样的方式他可能更容易接受一些。比如说有人骑摩托车出了事故，我会说："都禁摩这么久了，还骑摩托车，这样早晚肯定出事啦，唉……"一开始他也很不在乎地说："技术太差。"我只是笑了笑说："呵呵，是吗？"他知道自己这么说不对，马上转过头去。还有很多与他有关的一些事情，比如"辱骂父母""警察打黑""学校安全"等我照样会"发表感慨"，在这样潜移默化的过程中，他慢慢知道了哪些该做哪些不该做，至少在思想上有了正确的认识。

真正让他有深刻认识的是，有一次，周边社区的民警来我们学校开法律知识讲座。我趁这个机会告诉"水哥"："××，外面来了几个警察，是你们学校那里派出所的，有人举报你收保护费，他们来抓你的。"顿时，"水哥"愣住了，他用怀疑的眼光看着我，似乎想让我告诉他"我在开玩笑"，我很严肃地继续说："你的事情派出所已经立案调查了，可能要坐几年牢。""水哥"带着哭腔说："我就找别人收过几次保护费，这个也要坐牢吗？老师求求你帮我跟他们说，我不想坐牢啊！"我说："你这种行为已经构成了犯罪，当初爸爸妈妈跟你讲你不信，今天警察都来了，唉……""不过，你未满18周岁，我可以跟警察求求情，看能不能从轻处理。""水哥"看到了一丝希望，他说："你跟警察叔叔讲，我一定改，再也不干这些事情了。"最终，"水哥"得到的答复是，由老师监管，如果再犯直接抓派出所。毕竟是孩子，这件事情对他的打击很大，从新闻报道和实际接触中，他知道这些事情是犯法的，加之离开原来的社会环境，我再次跟他谈话的时候，他已经没有原来那么嚣张跋扈，我鼓励、安慰他，慢慢地他也认可了我。

好景不长，有一天在我们班上课的一位老师气冲冲地跑到我办公室来，"你们班的那个××，上课总是故意调侃，大声讲一些与课堂无关的话题，严重扰乱课堂秩序。"作为班主任，既然任课老师提出来了，我其实心里很清楚，他不就是"水哥"吗，爱吹水的"水哥"。这也是我下一步要解决的问题。凭借他对我的几分信任，我找他长谈过几次，但是效果都不明显，他的理由是，"我知道自己嘴巴多，但是我控制不住自己。""你想不想改？""想啊，但是改不了。""我可以帮助你。""水哥"很疑惑地看着我，我说："我给你30分，上课犯一次扣5分，如果30分被扣完，作为惩罚你周末留校。"他无奈地答应了。恰好我们学校是深圳市的德育基地，有很多外校的学生来我们学校军训，如果留校就跟他们一起锻炼下自己的组织性和纪律性。"水哥"娇生惯养惯了，军训对他来说简直是煎熬。但是不出我意料，到了周五他已经被扣了50多分了，按照约定，他只能留校兑现承诺。当周一我看到他的时候他整个人的精神风貌变了很多，走路也不再大大咧咧的了。我调侃道："不错嘛，水哥，看起来像个军人了。"他很委屈地说："我再也不要去军训了，我上课一定管住自己的嘴。"但是，"水哥"还是没有管住自己，这周又是40分，连续几周下来，"水哥"有点崩溃了。第四周"水哥"只被扣了25分，"水哥"很得意地说："老师，我这次没有扣完吧，哈哈。"疲惫中带着一丝满足。从此，只要"水哥"再犯毛病，我就用这个承诺说事，慢慢地"水哥"的自控能力在我的"强权政策"下锻炼出来了。为了加分，上课的时候他也在努力回答问题，学习上有了不小的进步。虽然有些教育工作者觉得这些措施对于一个孩子有些残酷，但是我认为，对于孩子的教育，采取一些强制措施是有必要的，特别是对于行为习惯有严重偏差的学生，虽然他的目的仅仅是不要被留校，但是实际上他在课堂纪律和学习成绩上有了很明显的进步，加之适时的谈话与正确引导，双管齐下，"水哥"的心性也被我磨得没有那么放任自由了。我认为这样也便达到了教育目的。

成长期的孩子是多变的，并非一天两天就能解决所有问题，孩子的教育是一个长期的过程。几个月后的某个周一，当我来学校的时候被告知"水哥"周日下午没有按时返校，我马上打电话给"水哥"的家长。家长哭诉道："那天下午我在家校联系册上写他在家表现不好，他很生气，大骂了我一通离家出走了。"我听到以后心情很复杂，但不仅仅是愤怒。因为他在乎老师对他的看法，我很欣慰。让我很懊悔的是，因为我一直关注他在学校的表现，却没有关注他在家的表现。因为之前我知道他家里的具体情况。我第二天去他们家，没有看到"水哥"，和"水哥"的妈妈聊了很久，原来，"水哥"回家以后的确没有再去做一些出格的事情，但是对于父母仍旧是给钱就听话，不给钱就辱骂。这次就更过分，直接离家出走。家长说他身上只有100块钱，我安慰家长说，按照他花钱的速度撑不过明天他就回来了，不用太担心，可以去他经常去的地方再找找。我也尝试和家长一起去找，但是没有找到。不出我所料，第二天他拖着疲惫的身子回到家，谁也不理，如狼似虎地海吃海喝一顿就去睡觉了。家长打电话到我办公室，我下班后就直接去"水哥"的家，"水哥"看到我表情很复杂，他说："老师，我不想读书了，学校管理严格，我爸妈还说我表现不好，又要被扣分……""那你在家到底表现如何？"我打断道，"你做好你自己，就好像在学校一样，家长为什么要投诉你？""水哥"眼泪哗哗的，无言以对。我说："这次我先给你记着，你先回学校上课，至于你犯的错误，我会跟家长解释的。"

当时我的想法也无非是他先回到学校上课，不要耽搁学习。家长其实我已经详细了解过了。回到学校以后，我首先做家长工作，孩子的这种问题与家庭教育有很大关系。我跟家长解释家庭教育的重要性，和与孩子沟通的时候应该注意的问题，还推荐一些有关家庭教育的书给家长看，并且每隔几天提醒一次。当家长慢慢开始配合我的工作以后，我再在"水哥"身上做文章。说教是必要的，但是对于孩子的教育需要一件或者几件事情刺激到他的心灵。有一次正好是我们学校心理周，其中有一项是开一个特别的感恩教育主题班会。我很重视，我翻阅材料，参考其他老师的一些成功案例，根据班级的实际情况，特别是"水哥"的问题，并且邀请了"水哥"的家长参加。主题班会上，同学们展示了父母陪伴孩子成长的图片，感人的音乐，《母亲的赞歌》诗朗诵。特别是有一个环节，大家分享父母所做的令自己感动的一件事情。大家都讲得很好，而我也带头讲了一件我父亲冒雨给我送干粮的事情，我很激动，同学们也很感动。大家好像都打开了话匣子，纷纷举手发言。令我意外的是，"水哥"举手发言了，我看到他的时候，他眼圈红红的。他说："我感谢我的妈妈，是她带我来到了这个世界上，从小他们一直很宠爱我，我读小学的时候发烧，那天晚上三四点了，下很大的雨，我妈妈打不到车，一路背我去医院，路上还摔倒好几次，我很感谢我妈妈对我的照顾。"是啊，他毕竟是孩子，在这种氛围下，"水哥"的妈妈已经泪流满面了，她从未奢望过"水哥"记得她的好……这次班会课很成功，每个同学都受到了深刻的教育。特别是"水哥"，后来我听他妈妈跟我提起过一件事情，就是有一次"水哥"和妈妈一起逛街的时候，妈妈看到一件很喜欢的衣服，舍不得买，"水哥"果断拿出自己存的零花钱买给妈妈……我听到后长舒一口气，"水哥"真的懂事了……

【方法策略】

循序渐进原则。在这个典型案例中我首先了解到孩子由于社会关系复杂、家庭教育缺失，已经初步形成非主流思想的价值观。因此在转化教育之初，我便制定了循序渐进的行为习惯养成教育策略。首先通过共情打消学生的戒备心理，从生活琐事着手，做一面镜子，不断进行强化练习，继而在交往过程中以评价、定性的语言潜移默化表达自己的观点，学会价值判断。很多班主任遇到孩子问题突出、类型多的案例，有时会一时不知所措，我的建议就是全面梳理问题，由简到难，按照计划，制定多个小目标，逐步达成。

思想灌输。在学生的教育过程中，我之前容易出现的错误就是按照自己的意愿，在自己有时间的时候找学生谈话，并没有去考虑到学生当时的精神、心理状态。因此很多时候都是事倍功半。在这个案例中我改变策略，在学生教育过程中，融入到学生的生活中去，时刻掌握学生的兴奋点与关注点，在这种情境下不断去灌输自己的一些评价、观点，促成共识，而这种教育才是高效的。

评价考核。以学校量化管理考核、班级公约等形式不断强化正性行为、弱化负性行为。引入生生互评、教师评价、家长评价的方式进行约束，制定奖励和惩戒机制，通过管理来进行辅助教育。

家长引导。在学生的教育过程中及时与家长沟通还在教育的具体阶段，对于孩子的具体问题家长应与班主任达成共识，特别是寄宿制学校，班主任和家长"换班"的过程应该是无缝衔接的。

【分析思考】

对于孩子的教育，我始终认为不是一件两件事情所能解决问题的，需要长期的关注和交流，积累生活中点点滴滴的正能量，消灭消极因素。认真分析每个孩子的特点，根据每个孩子的特殊性，制定长期的"战略"，从细节着手，正确引导。

在后期的班会课中进行有针对性的集体教育，是很有必要的，对于班会课并不一定是针对班级的集体问题开展集体教育，针对一个或几个学生的个别问题开展主题班会，如能达成教育目标也是很有必要的。在上述案例中，由于之前工作的铺垫，一方面"水哥"实现了情感价值观上的转变，另一方面也是通过这个案例加深巩固了其他学生对于感恩的认知。

甜蜜的包袱

深圳市育新学校　杨　波

【主题】

根据马斯洛需要层次理论，人们需要动力实现某些需求，有些需求优先于其他需求。他认为从层次结构的底部向上，需求分别为：生理（食物和衣服），安全（工作保障），社交需要（友谊），尊重和自我实现。这五种阶段模式又可分为不足需求和增长需求。

在当前的教育环境下，有很多老师、家长一直给我反映某某同学成绩很差、好动、上课总喜欢找人说话、戳下这个惹下那个，不遵守课堂秩序。甚至有的课间活动中经常因为与同学打闹而引发冲突。对于初中阶段特别是刚踏入中学的学生来讲，他们身上还散发着浓厚的孩子气，好动不遵守纪律的现象其实屡见不鲜。

【案例描述】

去年我们班来一个叫作小超的新生，在他身上这一系列的问题全部体现出来。除了好动、课堂与同学打闹、冲突外，由于从小由爷爷奶奶在老家抚养，溺爱、缺乏管教，经常和老师顶嘴，软硬不吃。

首先我从原班主任和家长处了解他的情况，得到的大部分都是他怎么不好，如何调皮。我又问他们小超有什么优点，因为要解决一个学生的问题要从他的优点开始着手。家长说他心地善良还喜欢帮老师、同学做一些事情，只是大家一直对他有意见；在体育和实验操作、动手技能方面有特长。

当我对他有了基本了解后，我所要做的就是等他"跳"出来，把老毛病展现在我面前的时候。刚开始对于新环境的不熟悉，他一直沉默寡言，经过一两周以后对新的环境熟悉了，渐渐地课堂上坐不住了，上课和左邻右里开始讲话，他很喜欢讲笑话，时不时还引得周围几个同学哈哈大笑。有一次语文课上被科任老师喊起来批评，在老师批评的时候还用橡皮去砸别的同学。引用语文老师的话"简直无法无天了"。事后我把他叫进办公室谈话。一开始他站没站相，挠挠头，抠抠指甲一副无奈的样子。我说："小超，你知道我叫你进来干什么？"他说："我上课讲话，批评我咯。"然后又小声嘟囔："唉，又不是第一次。"我说："不是啊，我叫你进来是表扬你的。"他脸红了。"我真的是表扬你的，听说你语言表达能力很强，讲笑话也很有天赋啊，惹得大家大笑。"他一副很得意的样子。"不过，你在课堂上讲这样不好吧？"他马上说："是啊，但是我就是管不住自己。"我说："是吗？如果真的是这样那就好办了，那说明你知道自己的问题，想改？"他说："就是改不了。"我接着说："只要你想改就一定能改，我一定帮你，你可以走了。"他觉得奇怪，怎么老师不批评他就让他走了？

晚讲评的时候刚好赶上学习小组职责重新划分。以前在学习小组里面小超就是普通组员，就像他说的，"我是打酱油的。"这次我说："鉴于小超同学今天课堂表现得特别活泼……"还没等我说完，大家就哄堂大笑。我接着说："鉴于小超同学今天课堂表现特别活泼，语言表达能力强，这个组以后的汇报员就让小超来担任。大家鼓掌。"小超的表情很复杂。其实那天找他谈话之前我已经作了这个决定。既然他喜欢讲话那就让他讲，在学习上讲。没有兴趣就让其他同学督促他。在学习小组里面别的同学讨论研究的成果要他来汇报，如果他不懂，其他同学一方面可以帮他，而他也被其他同学逼着去了解讨论结果。

效果还是很明显的，在课堂上各小组之间有竞争，群众的力量还是很大的，大家你一句我一句都让他来总结汇报，他好像也乐此不疲的。当然偶尔的一两句玩笑话也是有的，这个在我看来是被允许的。在这个时候我就又对他是一番表扬鼓励。

在我的表扬下，他的自我实现需求得到了满足，他也很享受这种感觉，甚至产生了偶像包袱。渐渐地，在课堂上他不再是一个打酱油的了，他承担了自己小组干部任务。既没有让他闭嘴又发挥了他的语言特长。课堂讲闲话、招惹别人的事情慢慢减少了。

当然一件事情或者一个决定并无法从根本上改变一个人长期养成的习惯。在后面的学校生活中，积极鼓励他参加演讲、诗朗诵比赛，请语文老师在朗诵方面给他开小灶辅导。国旗下讲话也破格让他去锻炼等等。他在这些活动中找到了自己的价值感，从内心上他并不觉得自己是一个后进生，不断地进步，不断地鼓励，使他进入了一个良性循环。

【方法策略】

需求分析。在刚开始从事德育工作时，遇到孩子多动，我经常陷入疲于应付的窘境。在这个案例中，准确把握了孩子自我实现的不足需求，创造条件，采用非对称性的手段，给予学生鼓励，引导他采用正确的方法满足尊重和自我实现的需要。

甜蜜的包袱。对于任何在行为习惯方面存在问题的学生，需要经过全面分析制定策略，即一生一方案。在小超行为习惯问题的背后找他的需求的增长点，及时予以肯定鼓励，让他产生了被关注的偶像包袱。在这种情况下他便不断自我修正自己的行为，刺激他在合理的范围内表现自己，达成了教育目的。

【分析思考】

在后面的学校生活中，小超偶尔也有我称之为"老毛病"又犯的现象。每当我提醒他的时候，他很不好意思又心领神会地笑一笑。是啊，毕竟是孩子，还需要不断地鞭策和进步。而在这个时候他的理解就是我在帮他成就自己，善意地提醒，而不是批评，这才是最重要的。

其实在很多情况下，包括我以前对于一些存在行为习惯的学生总是一味地批评教育，其结果经常适得其反，让学生对班主任产生厌倦感，最终软硬不吃，给后续教育工作带来更大的麻烦。我觉得现在的"00后"学生，思想和信息面获取的拓宽，而且随着青春期的到来，这些老一套对于他们来说是免疫的。通俗地讲，道高了一尺，我们老师的魔也要与时俱进高一丈。对于好动的学生，应从他的优点着手，合理转移利用，逐渐产生学习的动力，最终达成转化教育的目标。

惊人逆袭 创造历史

深圳市育新学校 杨 波

【主题】

在很多人看来，中职学校的学生就是学习成绩差、学习习惯差，没有考上高中的。在这种普遍观点下，中职学生的自我认同需求会显得异常突出。特别是汽修专业的学生，长久以来更是觉得是"黑手"职业，基本都是男生，还总会被其他同学嘲笑为"汽修仔"之类的话。但是当我们抛开学习成绩再来审视我们的学生的话，你会发现每个孩子都是独一无二的，渴望被认可。虽然他们存在着这样那样的问题，但他们都有很多优点，很多潜能等待着激发。

【案例描述】

那年我刚接手中职一年级，有一天早晨，我刚到办公室，就看到阿木带着几个同学报告也不打地冲进我办公室，黑压压地站在我面前，一副兴师问罪的态度，说："我受不了了，我们学校管得太严了，各种规章制度，其他学校人家就不会，太不人性化了！"这些问题让我当时一愣，让人又好气又兴奋，兴奋的就是这又是一次很好的教育契机。根据我对班级学生的初步了解，这几个同学正是我们班比较刺头的几个学生，他们早操懒懒散散，发型也是非常奇怪，这几天也正对做早操的事情满腹牢骚。

事后经过我的细致了解，阿木初三的时候学习成绩就不怎么好，在学校里总是游离于班级之外，养成的懒散的习惯，加上平时在学校里经常捣乱，老师、家长都没少批评他。而他却心安理得，甚至处处变得很强势来掩盖自己的自卑。他号召力又很强，在班级很容易搞起来小团体，还利用这个小团体跟班主任对着干，为自己辩解。按照平时班主任工作的经验，我通过搭建平台增强学生认可，与学生建立朋辈关系，改变以往可能存在的师生关系，建立主观积极体验，不断强大班级氛围，帮助学生建立自信，成就自己。

【方法策略】

创建平台，以班主任为主导利用新媒体技术，通过QQ、微博、公众号等方式，参与到原生班级人际关系自然形成的过程中，让每个学生都接纳自己，在营造良好的集体氛围的同时，用集体的力量去影响他。

建立朋辈关系。我在跟他交往的过程中，表达我的态度：这个班主任可不是来管着你们的，至于管理有班规校纪，我的主要责任就是你们平时在生活、学习、实习上有什么困难，我就是一个老大哥，来帮助你们的。根据非对称性教育理念，我采取的策略是并没有再次去回应他的那些问题，只不过更关注他和父亲的关系、他和同学之间的摩擦、他不高兴的时候我能出现在他的身边，时间久了他对我也是知无不言。慢慢他开始接受我的一些观点和态度。

建立积极主观体验。我发现他很喜欢打篮球，就鼓励他参与筹建班级篮球队，学着合理利用比赛规则。他经常混迹于KTV里，但这也促成了他参加文艺演出。事实也证明，他表现出了极大的热情，在这种热情的带动下班级氛围也被带动起来了，我在班级也是毫不吝啬自己的表扬。

共情形成意志。因为汽修班基本都是男生，我经常说，男人多的地方就有江湖。有效利用学生自我认可的心态，以早操评分为切入点，让学生通过努力改变以往的不良体验，激发斗志。

【分析思考】

后来，隔壁班课堂纪律差，他还越过班主任直接批评人家班的学生，虽然他的方式不对，但是动机很好，这也让我很欣慰。

正如雅斯贝尔斯说过的："教育是一棵树摇动另一棵树，一朵云推动另一朵云，一个灵魂唤醒另一个灵魂。"爱是一种情怀，也是教育学生的一种手段。要解决学生问题，首先要用仁爱之心和陪伴成长建立有效沟通的条件，进而达成心灵唤醒的目标。

同时，在处理这个问题的时候，我根据积极心理学的原理，首先，建立积极班级环境、发现他的积极人格特质、营造积极的主观体验；其次，在处理方式上采用教练技术，像一面镜子一样帮助他发现自我，培养信念、转化为行为、达成目标；最后，要充分发挥罗森塔尔效应，告诉他们"你很棒"！相信我们的学生人人皆可成才，帮助他们人人尽展其才。

在这个案例中，令我印象最深刻的是，那节班会课，我罗列了往届汽修班级学生受到了惯性思维观点，和大家的窘境，并告诉学会早操的事情让很多班主任都大跌眼镜，希望以后我们要多干一些让人大跌眼镜的事情。后来我铿锵有力地说："从今天起，我们就要成为那个创造历史的人。"这节班会课中，每个学生都目光坚定，充满了斗志，在这之后的很多次活动中、学校班级评比中，我们班包揽了所有的一等奖，真正地创造了历史。

戒除网瘾之疏胜于堵

——学生上网问题的教育和引导

深圳市育新学校 杨 波

【主题】

随着信息化时代的发展，网络已经成为每个人生活中所不可或缺的部分。浏览新闻、信息搜集、社交网络、网络游戏等都离不开网络。处于青春期的学生，对新事物充满了好奇，部分学生对于网络更是深陷其中，不能自拔。

一方面，学生自制能力差、对于新鲜事物的好奇，不能合理安排时间；甚至在某些场合互相攀比游戏里的成就，心智不够成熟。另一方面，家长对学生的监管不力，学生上网成瘾，家长通过断网断电限制出行等方式强制戒网，遭到学生抵触；更或者是家长对于学生过于溺爱，对于学生的一些无理请求一让再让，甚至无原则地放任自由。

学生由于长时间地和习惯性地沉浸在网络时空当中，对互联网产生强烈的依赖，以至于达到了痴迷的程度而难以自我解脱的行为状态和心理状态。由于花费过多时间上网，以至于损害了现实的人际关系和学业事业。

【案例描述】

我们班的学生小四（化名）刚来我们学校的时候，家长反映在家里倒还挺乖，能帮家里做一些家务，但是只要家长不在就立马跑出去疯，不知道整天在忙些什么，开始认为是贪玩，但是渐渐地发现学生身上多了很多坏毛病，肯定是和校外那些不三不四的人在一起交往。

根据我的观察，入学三天后我就知道他的问题所在。他阳光、好动，和同学很容易打成一片。课余时间我有意识地去听他们在讨论些什么，果然不出我所料，他下课都在和同学吹嘘自己CF（一款射击类网络游戏）枪法如何的犀利，自己的战队多么厉害，还在班级里面征收队员……再通过我和家长的沟通，家长似乎对这些全然不知，但是家长也表示她每天都回家，监督小四做作业。

小四是一个很勤快的人，入学以后不管是内务还是劳动方面都冲在最前面，但是在学习上就一塌糊涂。经过一段时间的熟悉，我开始找他谈话，因为怕没有切入点，我还专门去下载了这款游戏熟悉了一下，寻找共同话题。我们的第一次谈话很融洽。我跟他聊起CF来，他说话都不带停顿的，倒豆子一样讲个不停。这样，你来我往，通过几次谈话他对我的抵触心理减弱了很多。这个时候我开始分析他自己的问题。

我说："我平时都是吃完饭，玩几盘就下了，水平不太行啊，你平时也是在家里玩CF的吗？"

他说："在黑网吧啊，家里的电脑太垃圾了，太卡了。"

"哦，怪不得你妈总是说你跑得人影都没有了。"

"她能找到我才怪呢，我那个地方一般人找不到的。"他很得意地说道。

"黑网吧好乱哦，那里经常打架、抽烟，听说还经常因为火灾烧死人。"他开始沉默片刻，"没办法，家里电脑太垃圾了。"

"你上周周末作业没有做完吧？"他又沉默。

"周五晚上11点多才回家的吧？哎，你妈还打电话给我问你是不是在学校没有回家，我当时都着急死了。"他开始低着头。

"你这玩游戏也太疯狂了吧，玩那么久。"

"我……唉，一玩游戏就会忘记时间，有的时候看时间已经晚了就干脆多玩一会儿，反正回家都会被骂。"

"你自制能力就这么差么，看来得有个人好好管管你了。"

这次的谈话我和小四的妈妈沟通过，她很吃惊，原来孩子天天往外面跑，都是待在黑网吧啊！这是一件多么危险的事情！她显得很紧张。我帮家长分析了孩子的情况。主要原因还是沉迷网络游戏，去了黑网吧没有人监督上网时间，导致越陷越深。我提议就在家里给他买台电脑，让他在家里玩，一方面，可以在家长的掌控之中，另一方面，家长可以借此机会给学生提出条件。其实我也一直认为青春期叛逆的学生，纯粹的谈话和说教已经不能阻止他们了，应该制定一些策略，甚至可以用和学生签订协议的方式来监督。充分尊重学生的自尊，又能真正起到约束力。

第二天我又找了小四，我一提到去黑网吧的事情，他就开始沉默了，我突然说："要不给你配一台高端电脑吧，再申请一条宽带，你觉得怎么样？"他睁大了眼睛很吃惊，眼睛开始放光，然后就耷拉个脑袋说："我妈不会同意的。""你妈的工作我来做，但是需要你配合。""好啊好啊，我一定配合！"

因为我们是寄宿学校，平时只有周末才可以回家，我要求他写一份周末学习生活娱乐计划，他按照我的要求写了，大致包括早读、作业、家务、上网、运动，我也反复提出意见，最后达成共识。我要求他拿着这份协议找他妈妈签字，一式三份分别保管。经过他几周的试行，家长满意了，他如愿以偿地得到了新电脑，而且妈妈也用这份协议约束了他，渐渐地他养成了习惯，什么时候该干什么再也不用家长提醒了。远离黑网吧这种乌烟瘴气的环境，一些行为习惯在学校、家庭的教育下逐步转变过来了，随着本学期学校代币制的推广，加上他周末回家能继续温习功课，课堂上也能跟上课程的节奏了，在学习积极性、每周代币得分上都位列前三。学生轻松了，家长开心了，我也舒了一口气。

【方法策略】

找对切入点。对于学生上网问题的教育和引导，应该分析类型，抓住问题的切入点，弄清楚工作展开的主次顺序，深入学生生活，抓住问题的要害，因势利导。

因势利导。根据学生的年龄特点选择恰当的策略，对于瘾问题，既为瘾，就不是简单谈心、说服教育就能解决的，需要具体的手段和措施。在这个案例中，我从生活中观察学生的兴奋点，找到家长与学生关于上网问题的冲突点，以契约的形式，让学生的上网处于家长的监管范围内，才能有效开展家庭教育。

【分析思考】

小四沉迷网络，出入黑网吧的问题，我认为在引导和教育时真正抓住了问题的要害，在建立了良好的师生信任关系的基础上，从学生的角度考虑问题，想方设法加强家长的监管，最终圆满地解决了问题。

在对待学生上网问题时，正视学生上网、玩网络游戏的问题，不能一味杜绝引起学生的逆反心理，而是正确引导学生合理安排时间。

例如小六的上网问题，这学期以来家长频繁跟老师诉苦，说孩子回家经常半夜爬起来钻被窝里通宵用手机上网，很多方法都用过了，断WiFi，没收手机等都被学生用一些消极抵抗的态度应对，甚至顶撞父母。小六平时在学校学习成绩不错，而且也比较听老师的话。我之前也跟他谈过很多次，但是情况总是反复，通过约见家长的方式，我们三方面在一起共同探讨上网问题。听得出来家长是一个很啰唆的人，学生也时不时看着我苦笑着。

其实，他们家庭情况并不富裕，唯一的经济来源就是一个杂货店，每到周末家长都要求小六一起打理店里的生意，唯一一台记账的电脑也经常被孩子弄坏，因此不给小六上网，小六便偷着家里的钱买了一部手机用手机上网。因为这个事情我严厉地批评过，家长甚至打骂过，但是正如他日记里面写的，他觉得"值了"。从此他白天很不情愿地帮家里打理生意，晚上就开始上网甚至通宵，加之小六父亲身体状况不好，性格暴躁，便结成了一个解不开的扣。

小六是我从初一带上来的，根据我对他的了解以及对他上网的事情的分析，他变成今天这个样子，其实主要原因在家长的监管。我通过多次与家长电话、约见等方式，从家庭状况、青春期孩子的特点以及对孩子教育的方式几个方面展开。我的观点是，由于是寄宿学校，周末应该给学生留出一点自由活动的时间，设身处地地为孩子着想下，学生上网其实很普遍，最重要的是合理安排时间，加强监督，而不是一味地去拒绝。如果说在店里面上网总是让电脑崩溃，既然现在有了手机，其实可以给他一定时间上网、学习。如果他能做到的话，睡觉时候就让他上交手机，对于学生出现的任何问题，可以及时与老师沟通，争取多方面的努力。经过多次沟通后，家长被我说服了，愿意跟我一起制定计划共同监督。我拿出小四的周末活动安排表给小六看，他很认同我的做法，他主动去跟父亲承认错误，对自己以前犯下的错，和最近的态度真诚地道歉。渐渐地，他们父子的关系也慢慢和谐起来，小六上网的问题也得到了节制。

　　网络中丰富的信息量、带来快捷的生活方式，但是对于青春期的学生又充满了诱惑和很多消极因素，因此而衍生出来的一系列问题也是值得我们德育工作者不断探讨的。

戒除网瘾之心灵导师

深圳市育新学校　杨　波

【主题】

在问题学生转化教育过程中，从逐步了解学生，再到深入学生的内心世界，以网络游戏为切入点，取得信任，逐步引导，从而帮助学生树立正确的价值观。

【案例描述】

小嘉在初一成绩很优秀，特别是理科成绩，名列前茅。他在初二由于家长工作忙，关心得比较少，他认识了一些不良少年，逐步走向不归路。一开始经常背着家长出入黑网吧，在黑网吧里面认识了一些辍学的不良少年，学会了抽烟，出入酒吧、KTV等不适合青少年的地方。受别人的教唆和别人打群架，拖着受伤的身体也不敢回家就整天和他们住在一起，夜不归宿，也长期旷课。学校、家长根本就找不到他，偶尔能看到他在网上，但是寥寥几个字"我不想回家"然后就下线了。父母因此伤透了心，老师也开始对他有了放弃的念头。后来经过朋友介绍，转入育新学校，从行为习惯上进行矫正，树立正确的人生观价值观，端正学习态度。

在刚开学的那段时间，一切过得还算平淡。那是4月某个周日下午，小嘉没有正常返校。打电话给家长，家长反映已经出门去学校了，我当时又是一惊，但是家长反而安慰我，十有八九又是跟那些人去网吧玩了，晚上依然没有回家，家长四处去找，甚至把附近的网吧翻了个底朝天都没有找到他的下落。我天天打电话追问他的下落依然没有消息。

三天后的一天早上，家长打电话过来了，说在QQ上见到他了，跟他说话他就下线，就给他留言，让他马上回来。而我这个时候更是着急，我急的不是其他，而是一个问题总是在我脑海里转来转去，他出门时只带了30块钱，而四天过去了，他在哪里吃饭，他上网的钱又是哪里来的？恰好那几天晚上《第一现场》栏目提到一个青少年犯罪团伙，拦路抢劫。我甚至翻看录像镜头里有没有小嘉。我把自己的想法也告诉了家长，在家长的多次留言好心相劝下，他疲惫不堪地从外面回来，浑身脏兮兮的，家长又心疼又气愤。打骂他反而说是家长逼他做自己不想做的事情，他不想读书，读书没用，很无聊。

我建议家长先让他调整一下，然后送回学校，免得又跑出去玩了，先恢复正常的学习。

在他的心目中，学习落下很多，学起来很吃力而且很乏味，只有在他的"王者"里面能体现他的价值，一提到自己的游戏角色他很兴奋。而每次我跟他讲他的问题时他总是含糊其词。对学习方面仍然听不进去。我想，还是得和他有共同语言，我还专门研究了"王者荣耀"中各类英雄、技能、操作等。在一次打扫卫生的时候我故意说"王者荣耀"里的事情，他马上凑过来说："老师，你玩什么职业？"我淡淡地说了一句："随便玩玩，就只玩亚瑟（游戏中的一个英雄类型），现在钻石，快上王者了。"他看我说得如此专业，总是跟我屁股后面谈论"王者"，英雄选择、英雄技能等。好像在这方面他对我的敬重胜过了"我是他的老师"。

从他的眼神里我看得出来他内心的一种羡慕之情。再去跟他交谈的时候，我告诉他我是怎么合理安排游戏和工作的，而且在短时间内我也能达到这样高的级别。他向我诉苦说家里父母总是影响他发挥，而且不能通宵玩，加上在外面和几个朋友面对面组队玩更好玩。

那天我们一起相约玩游戏，之后聊了很久。我说我平时上班都很忙，晚上回家也只有一点时间玩游戏，但是我玩得还不错是有窍门的，我会先研究这个游戏的所有规则，然后了解每个英雄的技能和特点，而这就可以利用平时的碎片时间，等我真正玩的时候那就很快上手了。但是生活中还有很多更有意义的事情要做，游戏只是生活的一个调味品。

再后来，我们一起相约玩游戏，一起相约聊漫画，一起打篮球，一起做作业。后来家长告诉我，他最近一段时间常和同学在楼下打篮球锻炼身体。

【方法策略】

树立典型。充分发挥班主任自身魅力，深入到学生所喜欢的游戏中去，树立一个正确对待网络游戏的态度，合理安排时间的形象。劳逸结合帮助学生走出沉迷的囹圄。

走入学生的思维逻辑。如果学生沉迷于网络会衍生出更多的问题，如亲子关系恶化、性格偏执等，在行为习惯方面如夜不归宿，结识不法分子，甚至走向违法犯罪的边缘。利用游戏为切入口，进入学生网络生活的圈子，在这个圈子里找准学生的沉迷点，进行引导。

【分析思考】

我在尝试这种教育方式的缘起是有一次我在网络上看到一篇文章，提到某个学校的班主任发现学生在玩一款网络游戏，他注册了一个账号，带着班级的几个学生一起打副本，自己研究攻略成了公会的会长，在游戏中看到学生8点上线会问他们作业做完了没有，晚上10点左右就结束公会活动嘱咐学生下线睡觉。因为网络游戏，学生和老师走得更近了，甚至中午的时候都让老师帮自己补课，顺便还聊一下网络游戏，经过一个学期学生学习成绩都提高了。

先不论这个故事真实与否，但是经过我的尝试的确走入了学生的内心，得到了学生的认可，树立了正面形象，因此我觉得这未尝不是一种突破路径。

我也在反思，网络游戏之所以成瘾也是有一定的吸引力，在游戏这个虚拟社会中每个人都有自己的圈子和既定角色，作为教育工作者我们要理性分析其中利害并不忘初心，因为稍有不慎或许适得其反。

班级导师的陪伴故事

深圳市育新学校　杨　波

【主题】

2016年前后，在学校友善德育工作模式的尝试下，初中各个年级组建了年级工作团队，由班主任、科任老师、管理老师为主要成员。工作团队中的每位老师分工合作，负责五至八名学生的深入跟踪教育，小凯便是我负责的其中一名同学。通过陪伴成长过程中的琐事记录，我梳理了工作的一般流程，供读者参考。

【案例描述】

我与小凯的认识也是挺特别的。记得开学初，学校为了增进同学之间的互相了解和增强班级凝聚力，展开了团队拓展活动。同学们都很积极地参与到活动中来，显得异常兴奋，而小凯则拒绝参加这些活动，在队伍后面与几个同学追逐打闹。我看到这种情况便走过去提醒他们要跟同学一起参与活动增进友谊，而小凯则说："都是一些小孩子玩的小把戏，没意思！"我说："其实恰恰这些小把戏里面蕴含着大道理，你要用心去体会就会有不一样的收获。"小凯看了我一眼，便没有去打闹了，而是很不情愿地看着其他同学参与活动。好景不长，过了一会儿又开始站不住了，跑来跑去，我有点生气，并严肃地说："这是集体活动，必须遵守纪律，不要再这个样子！"他先是愣了一下，然后转过身去小声说了一句"傻×"！虽然有些意外，但我也觉得正常。

通过学生成长档案、原班主任和生活辅导员的沟通、家长的访谈，我得到了小凯的基本信息：小凯生活在一个单亲家庭，与母亲一起生活，家庭还算富裕，喜欢和校外的一些朋友骑单车，逛酒吧之类的地方，养成了抽烟喝酒的恶习，虚荣心强。由于单亲家庭的缘故，他的自我保护意识很强烈，甚至有些自卑，而从内心的自卑产生的表象便是过度自尊，而这也是我当时批评他，他小声辱骂我的原因。他原来的生活辅导老师则告诉我，这孩子当你与他相处久了以后，只有当他认可你的时候他才会非常讲义气，你跟他讲道理他能听得进去，他还挺幽默的，总会惹得你忍俊不禁。

在和他妈妈沟通的过程中，我了解到小凯是一个很孝顺的孩子，在家里经常帮助妈妈做家务，由于妈妈工作忙，周末回家以后都是小凯下厨帮妈妈做饭，他也会把妈妈当作知心朋友，会把学校的所见所闻和自己的心里话都告诉妈妈，当我听到这里以后我很庆幸，这样的亲子关系是有利于发挥家长的助力作用的。

我第一次找他面谈的地点是我的宿舍而不是办公室，办公室在很多后进生眼中永远是一个挨批评的地方，而小凯又自尊心很强，所以我选择了一个更为僻静的地方。我见了他直接摊牌，我说你那天在羽毛球馆活动的时候骂我的话，我都听到了。他先是一惊然后否认，又或者说是在骂其他同学。我没有打断他，而是说："不管你是否骂我，我并没有找你兴师问罪的意思，我一点都没有生气，因为我遇到比你做得更不靠谱的都有，我只是想知道你当时为什么要骂我呢？"他不吭声，并企图逃离我的眼神，我继续说道："那就让我猜猜吧。因为我是新班主任，你们以前的班主任和生活辅导老师都不在了你很失落，这个时候我来批评你，你就很不服气？"他点了点头。我直截了当地说："其实我早就知道你了，上个学期的时候我也跟你接触过，人还不错，现在换了班主任，特别是生活辅导员离职以后对你影响很大，你总感觉你们是没有人要了的孩子一样，很失落，但是你们生活辅导老师，也再三跟我讲一定要照顾好你，说你虽然会犯一些错误，但是人心地还是善良的，也很讲道理，很讲义气。你或许还不是很了解我，我不是斤斤计较的人，上次的事情不管你是有心还是无意的，我以后再也不会提了，我找你来只是想告诉你，我对你印象还是不错的，我也不会因为这件事情对你另眼相看，我对于每个学生都是公平的，不管是原来的一班还是二班。你原来该怎么生活现在还是怎样。"从他的表情来看，他对我的敌视心态缓解了许多。

第一次谈话并没有过多的感情基础，所以20分钟便结束了。感情需要积累，对于学生的教育也是通过生活中一件件小的事情积累起来的，永远不要奢望通过一件、两件事情就能改变一个问题学生。而这一两件事情是一个教育契机，分析这一两件事情背后与学生有关的影响因素，才能找到问题学生转化教育的主线，才会有了指导方向。

在与他相处过程中我总是会主动找一些话题，渐渐地，我发现他很希望得到别人认可。有一次他主动找我，说让我帮他收一个快递，他在淘宝买了一个包。我欣然答应了，拿到包以后我表现得很欣赏他的这个包，我说我也想买一个，问他这个包怎么样。他便娓娓道来，说这个包质量好，在淘宝有多少好评之类的，还说等周五拿了手机以后加我好友把那个网址发给我。我们有了一次较为完整的沟通。

由于他的自尊心特强，在课堂上又由于学习基础差，学习兴趣也不高，总是和其他同学讲话，甚至做一些无厘头的事情，总被科任老师投诉到我这里来。但是对于他我多采用正面引导的方法，如果直接批评产生了抵触情绪，或许我之前所做的一些铺垫都是白费心机了。抓住他比较讲义气、幽默的特点，我与他展开沟通的过程中总是嬉笑怒骂的形式。

首先我分析学校生活中违反班规的事情，很多时候我都知道他有参与，但是并没有直接点名批评他，就算有批评都是单独找他的，这说明我是给他面子。"如果课堂上总遭到老师投诉，岂不是让我难堪，这是不给我面子啊。"他笑呵呵地说，"是、是、是……"有的时候我也会放下班主任的架子，用一些学生中经常用到的俚语，让他们放下芥蒂，以平等身份进行交往。

渐渐地，我和他之间便有了一定的感情基础，而这些感情基础却非一般的师生感情，而是建立在他心目中讲义气的朋友感情。我也曾吹嘘过自己以前叛逆期做过的一些不靠谱的事情，然后又是如何看待自己以前做过的傻事，通过侧面的、潜移默化的形式来进行教育。直到他觉得我跟他有很多相似的地方，对我便有了认可。

在后续的教育过程中，我紧紧围绕他的个性特点，从课堂纪律、内务卫生、与老师同学相处等各方面嬉笑怒骂地无所不谈，用自己的人格特点影响他的人格。

家长工作一直以来是这个学期我的工作重点，我和家长约定每个周日晚上都要进行一次电话交流，了解孩子在家的一些表现以便于在学校重点帮扶。同时也通过孩子妈妈与孩子沟通过程中得到信息，孩子还是很认可我的，甚至还对我有所崇拜，这让我有了较高的成就感的同时，也验证了我工作方法的正确。在学校生活中我经常会跟小凯提到他的妈妈，告诉他我会把他在学校的一点点进步都及时告诉他妈妈，让妈妈为他高兴，不再操心。一向不被老师、同学、家长过度肯定的他，突然得到了各方面的肯定，他自己都觉得自己已经不再是以前的他了，生活中一点一滴的正能量逐步叠加。

【方法策略】

知彼方能百战不殆。活动结束以后我便收集小凯的个人资料。对于问题学生的转化教育我始终认为，盲目地展开学生个访，学生不容易接受你，很多沟通也是无效沟通，学生从内心上反而会反感。每次教育都应该是有明确目标的，抓到适当的教育契机。因为我跟小凯有着第一次接触时发生的事情，一方面如果我对这件事情置之不理会增加他的嚣张气焰，另一方面我已经做好了充分的准备工作。

情感是教育的基础。在日常工作中经常遇到科任老师与学生发生冲突的情况。换个角度思考，归根结底是科任老师没有深入了解班级学生的性格特点，没有深厚的感情基础，在这种情况下如果把握不准批评教育的尺度很容易引起师生冲突，这样一来便一发不可收拾。在本案例中我与学生长期的陪伴成长有了深厚的感情基础，即便是我采取了更严厉的惩戒措施，在学生心目中我的出发点是关心他，也不会产生叛逆心理。

善于利用学生个性特点开展教育。在行为习惯方面有一定偏差的学生固然与家庭、社会、学校等多方面的人际交往有关系，但是每个学生的个性特点不一样，要根据学生的个性特点选择合适的沟通方式，及时调整教师角色特点，在语言特色上做一个百变的班主任。在这个案例中，我结合学生"讲义气"的特点，在日常交往中尽量树立一个讲义气的师长的形象，让学生更好地接纳自己。

【分析思考】

第一次生活交际中学生出言不逊，很多年轻班主任是难以接受的，包括我刚从事班主任工作时，总以为师生是天然角色，学生就应该是对老师尊重的，这是最基础的个人素养。但是在我从事专门教育十余年后，经历了形形色色学生问题。我知道这个孩子的教育应该不是一朝一夕的事情，而是一个非常突出的典型。当时如果我正面应对，必将导致矛盾升级；如果装作没有听到，今后也置之不理，那也会让学生更进一步地认为这样的行为没有什么大不了的。

在师生感情方面，通过一件件小事，一个个交集的长期积累，用心去对待，便或多或少会有收获，而这一点一滴的量变的积累便会形成质变，改变学生与自己的敌对情绪，建立良好的感情基础，才能展开问题学生的转化教育工作。

在学生教育工作过程中这一件件事情正确处理，一个个行为习惯方面存在问题的改变，正如对一块璞玉，只有认真研究、掌握方法、加上细致耐心，经过千锤百炼终将打磨出一块美玉。

赏识你的匪夷所思

深圳市育新学校　杨　波

【主题】

对于学习成绩落后的学生，我通过创建良好的课堂氛围，赏识他的天马行空的回答，匪夷所思的行为，让孩子感受到理解与尊重，逐步建立信任。通过赏识强化孩子的行为，建立良好的心理体验，帮助孩子走出学习生活的困境。

【案例描述】

16岁的小易，性格孤僻、固执，学习成绩较差，学习态度不明确。父母都在做生意，无暇照看他，他跟校外一些不良少年交往密切，养成了很多坏习惯，例如说脏话，随便顶撞长辈和老师，和周围其他同学交往都总是以自己的利益为中心。

一次上课小易和几个同学趴在桌子上睡觉，我就说："全部打起精神来，一大清早就瞌睡，肯定是没有用心听课。"经过我这么提醒，其他几个同学立刻坐直了，但是他却用一副爱理不理的样子看了我一眼，继续睡觉。我就当场点名批评他，我说："小易，你坐好了，怎么还趴在那里睡觉？昨天晚上怎么回事，是不是没有睡好？"他说："我不想听你的课！别打扰我睡觉！"

他跟另外一个同学说话，我让他不要说话了，他说："我没说话啊，谁看到我说话了？"此时全班哄堂大笑。我硬是按捺住怒气跟他说了半天道理，他说："好了好了，就算我不对，你再说我就跟上次英语考试一样，考你那科交白卷！"此时他真的不知道自己为什么要学习，学习目的非常不明确。

35

课外活动时间，他们班同学打篮球，我在一边看，在我观察的那会儿工夫，他说每句话都要带脏字，其他同学也都很排斥他，我觉得这与他的年龄身份完全不符合，完全像一个社会上的烂仔、小混混。

几乎每天都会有他的新鲜事情，我针对他这些情况，仔细分析了一下，最主要是他做人非常自私，以自我为中心，在家里父母娇生惯养惯了，认为谁都可以不放在眼里，而且由于父母经常不在家，家庭教育非常缺乏，跟一些不良少年混在一起，养成了很多坏毛病，对于学习更是觉得是个累赘，不知道学习有什么用。

在之后上课的时候我提问他，即使他回答的答案是错误的甚至离题万里匪夷所思，我也没有表示出任何责备的眼神。相反地，我会鼓励他，说他努力去思考了，只是有些问题认识还不那么全面。下课的时候我会花时间去关心他，让他明白在这个班集体和老师中，有人关心他，给他鼓励，避免他破罐子破摔，从而使他对自己产生信心，激发他学习的愿望。平时对于他不懂的问题，很耐心地给他去讲，在讲解的时候多问几个"明白吗？还有哪里不清楚？"等等。借此机会，无论是课堂上还是课外多与他接近，与他做朋友。就在后来发生了一件事情，使我觉得我所做的一切没有浪费，记得有一次他们班烧烤回来我恰好在办公室，他从袋子里拿出2个玉米来给我，说是专门烧给我的。我想这个时候他已经认为我是他的朋友了，而这正是深入了解他的问题，对他展开思想工作的前提。

经过我一番努力，他对我的态度逐渐好起来以后，我觉得这个时候是针对他的问题进行批评教育的时候了。如果没有良好的基础，即使你讲再多的道理，费再多的口舌，他可能一句话都听不进去。

后来通过一件事情开始了我对他的引导教育。那次他跟另一个同学在我的课堂上吵闹。下课以后我把两个人都拉到我办公室来。问其究竟，其实也就是鸡毛蒜皮的事情。我当时没有摆出平时那样跟他们很亲近的感觉，反而变得很严肃，我说："你们这样在课堂上吵闹，影响很不好，影响老师讲课，不但你自己没有听课，而且还影响了其他同学，影响了这个班集体，你们觉得这样对吗？"他们低着头不说话。我转过头来对小易说："有什么事情下课以后可以解决，实在解决不了的，可以找班主任或者其他老师，你这样做在某种意义上来说是不顾其他同学，是很自私的表现……平时做其他事情的时候你要设身处地地为别人着想，这样才能赢得别人的尊重和理解……"经过我一番教育，原来很孤僻的他，对人不闻不问，他这次都能耐心地听我讲。他很小声地说："老师我错了，我以后不会再这样了。"我知道这个时候他已经开始信任我了，而且能听进去我所讲的了。

在之后的学习生活中，他开始注意班级荣誉感，当他体会到了朋友的关心，他和其他同学也逐渐地建立了友谊，与其他同学的关系处理得比较融洽。

其次，对于小易的坏毛病，例如说脏话，上课的时候总故意打岔说一些低级趣味的东西。这些坏毛病不是他一天两天所养成的，针对这个问题，我认为最主要的是断绝他与外面那些不良少年的来往，减少他对一些不良行为低级趣味的好奇感。在学校，由于是寄读学校，他很难接触到那些人和事。周末回家就需要家里的配合了。我和他们班主任谈过很多次这些事情，班主任也说一定会和家长交流的，毕竟一个学生的教育，一方面来自学校教育，一方面来自家庭教育。在一个班集体里面一般就有那么几个这方面比较突出的问题，如果不加以制止的话，肯定会对这个班造成影响。所以我配合班主任一起对几个经常说脏话、说低级趣味东西的学生一一进行分析讨论如何解决，特别是针对这个问题特别严重的小易，从本身思想工作方面采用说服教育，在班级里面大家互相监督，在家里得到家长的配合。这样一来，在期末这段时间内这种情况渐渐有所好转，但是我觉得这样的效果需要一个班级共同来维持需要一种氛围，如果说新来了一个同学，一定要注意他这方面的问题，这样才能使辛苦换来的这种良好气氛保持下去。

他的学习目的性不明确。我也曾尝试过悉心教导，或者这样一个学生他虚荣心很强，但是对学习方面却毫无兴趣，我对症下药采用了激将法。初学重力的计算的时候$G=mg$这个公式，最基本的是根据质量计算重力，我提问了两个很简单的问题，基本上代入公式就可以了，分别提问了坐在他旁边的同学A、B。这种情况下，一般把公式理解了的同学都能回答上来，然后再找一个扩展类型的题目，找小易回答。由于是初次接触到这个公式，而且他的底子也比较薄，所以一般很难回答出来的。在这个时候就表扬A、B同学，而对于小易不做评价，只是说他回答得不对，让他坐下再思考思考。由于他虚荣心比较强，而且往往这个年龄段的学生都有好胜心理，那我就借助这两个方面的东西来刺激他，使他首先形成一种为了好胜而去学习的心理。然后在他学习的过程中，多点鼓励，多点启发，这样可以慢慢培养出他的学习积极性。每次上课发言多给他几次机会，让他去思考，使脑子转起来。就在最近的一次电学试验中，全班第一个连接好电路的就是他。在复习阶段，上课听讲也很认真，做的笔记也很工整。这个时候我才感觉我的心思没有白费，有一种成就感。

【方法策略】

赏识教育。赏识孩子的行为结果，以强化孩子的行为；赏识孩子的行为过程，以激发孩子的兴趣和动机；创造环境，以指明孩子发展方向；适当提醒，以增强孩子的心理体验，纠正孩子的不良行为。人性中本质的需求就有渴望得到赏识、尊重、理解和爱。在本案例中通过赏识教育让学生发现自身优点，创造良好的班级氛围，让孩子感受到认可、尊重与理解。

善于利用学生的个性特点。在这个案例中，学生争强好胜，我利用他这样的性格特点将好胜心、虚荣心迁移到课堂学习中来，开展学习竞赛。他在实验操作方面取胜又进一步强化了他的行为。

家长言传身教。很多时候孩子的一些不良语言习惯都与家长有一定关系，在教育过程中，要征得家长支持，让家长懂得言传身教的重要意义，为孩子创造一个健康的语言交流环境。

【分析思考】

在学校教育活动中，有许多复杂的、多变的、综合的因素参与其间，而且常常直接以人的思想、行为、态度为对象，尤其是情感信息这类整合的、流动的因素，构成教育情境的复杂性，也使得旁观者清，当局者迷。在每个老师的教育生涯中总会遇到案例中提到的这类问题突出的孩子，而作为一个老师来讲除了"传道、授业、解惑"，更重要的是教学生如何去做人处世。因此，我们不能用"你应该是这样的"去衡量孩子，当问题出现时保持一颗平常心，善于灵活运用专业知识，不断尝试，总有一种方法适合他。

对于每一个学生来说都是自己的学生，不能因为学习差或者品行差而放弃他，破罐子破摔。本来这样的学生都已经对于自己完全放弃了，如果这个时候老师家长不能给他鼓励和指导，那么他的明天会是怎么样的呢？我觉得整个社会应该更多地去关注这些学习差或者品行差的学生，不要对于这些学生总是放弃，要努力去给他们创造一片天空，然后用心去感化他们，用实际行动去帮助他们，使他们的天空从灰色变成蓝色，让他们展开翅膀在这片蓝色的天空上翱翔。

允许成长的过错，静待花开的美好

——一个"逆商低"孩子的教育案例

深圳市育新学校　蔡彦锋

【主题】

当下"逆商"这个词很火，百度百科里，逆商全称逆境商数，是美国职业培训师提出的概念。它是指人们面对逆境时的反应方式，即面对挫折、摆脱困境和超越困难的能力。通俗点说，教育中会遇到一些学生，像温室里的花朵，经不起日晒雨淋。学生承受力差，逆商低，会导致他们在成长中其他的种种问题：比如学习成绩不好，喜欢上网，只想做自己喜欢做的事情，任性。而这些问题的背后，往往都是来自家长的溺爱。

要帮助逆商低的学生，需要接纳他的心智，帮他一步一步地体验磨炼，同时，与家长形成合力，引导家庭教育的方式方法更是至关重要。

【案例描述】

小杰是一个乖巧的孩子，只是贪玩不爱学习，所以被父母送到了我们学校。这是我对小杰的初步印象。然而教育往往都是复杂的。我们学校每个学期都会组织学生军训，并且不会提前通知。一个普通的星期一的早晨，我们突然发布了这周要进行军训的消息。虽然我们学校的日常管理已经是半军事化，但是突然的军训，也会在学生中传来各种唉声叹气，许多同学叫苦连天。然而，站在角落的小杰，异常的安静，但是脸色看起来并不太好，平日的黝黑的小脸蛋变得有些惨白。

"小杰，你身体是不是有什么不舒服？"

"身体不舒服也是要军训的，现在不训，回来了之后，单独也会补训。"

还没等小杰回答，同学们就七嘴八舌地给小杰的行为下了判断。小杰并没有理会同学们的七嘴八舌，只是轻声地回答我，"没事。"

然而当我们午餐后就要集合进行军训的时候，班长突然跑过来说："小杰不见了。"

专门教育的学生会私自离校并不意外，但是乖巧的小杰私自离校，也就是在军训前他逃离了学校，这一点我是万万没有想到的。

【方法策略】

（一）正面扫描，初步建档

但当我们老师四处慌乱地去找。联系同学，联系家长，希望能够了解小杰的行踪的时候。小杰的家长来电话说"小杰回家了"。

这样的结果让我们既生气又有点惊喜。按照以往的经验，我们的学生私自离校，往往会在校外。四处放荡，流连于各种黑网吧，不肯回家。往往是弹尽粮绝的时候，才开始慢慢地跟家长谈条件，回归学校。而小杰这种第一次离校就直接回家的做法，实在让我们有点不适应。

二话不说，我和当时的生活老师陈教官就登上了奔赴小杰家里的车。按照我们当时的做法很直截了当的，就是要把小杰带回学校。

在家长的电话里我们就知道小杰逃离学校的原因是害怕军训，吃不了军训的苦。他回家也直截了当地跟家长说明了他自己回来的原因。希望家长能够支持他。他爸爸开始跟我们求情，能不能等军训结束了才把小杰送回学校。

我记得很清楚，当天，经过短暂的挣扎之后，我们把小杰带回了学校，还让他的家长一起到学校了。

这一天跟小杰的爸爸妈妈更深入地了解了他的过去。小杰是一个典型的留守儿童，老家在省外，爸爸妈妈来深圳打工，在初中之前都是跟着爷爷奶奶一起长大。老人有溺爱小孩的习惯。嗯，初中后妈妈才把小杰带在身边，对孩子更有一份愧疚感。小杰成绩不好，行为习惯也不好，但是家长都不敢管教，只能顺从于他。所以这些才是小杰行为背后的原因。

按照往常的惯例私自离校，同学回来的时候要受到特别的处罚，而对于小杰我们没有对他进行一个特殊的处罚。而是，选择接纳他的这一份不勇敢，这一份逃避。因为我们理解了，在大家怨声载道，叫苦连天的时候，他脸色清白；也理解了，这离校只是简单地想回家不想参加难受的军训。

没错，小杰是一个乖巧的小孩子，他的逃避只因他的受挫力不强罢了，也就是"逆商"低了一些。这正是我们要教育努力的方向。听他父母介绍，他成长路上犯过的错，而我默默地为小杰建了一份他的成长档案。

"小杰，有礼貌、懂得心疼长辈；非常聪明；心细，喜欢画画；还有就是耐力非常好。他需要更多的成功体验，建立成长的信心。"

（二）体验挫折，逐步建模

小杰的成长档案扉页是写满了他的优点，但学校生活中的他，却表现着各种具体的不足。

上课不吵不闹，但喜欢睡觉；作业按时交，但只是把答案写上，而根本是文不对题。

"小杰，老师想你帮我完成一个特别任务。"一个周五的下午，我正式开启了对小杰的教育计划。

小杰很好奇他能承担什么特别的任务。

我让小杰报名参加学校举行的内务比赛。对于内务经常扣分的小杰来说，这简直就是不可能完成的任务。小杰满脸的不愿意，我知道，他不愿意一是自己内务不行，二是怕给班级丢脸。

我接着告诉了小杰这个任务的特别之处，这一次比赛，只要小杰每天内务标准不断提升，并且在现场展示，他就算成功了，不进行横向的比较。

是的，不进行同学间横向的比较。一下子，减轻了小杰的压力。另外我还给他设置了完成任务的奖励，可以在自习课拥有自己上网的时间。

那时手游还没流行，能在电脑端上网，这是令寄宿学生向往的活动。

内务整理这个过程，他也是煎熬的，一开始给他更多的时间，他呈现的作品并不理想。然后，在体验失败和挫折的同时，他收获的是我们给予的肯定和关注，一步一个脚印，他慢慢地达到了标准，并且在学期末的时候成了标兵。

这个学期，除了内务整理，还专门为他设计了各种各样的活动，而活动中的规则都是纵向比较的，逐步建模。

（三）就近发展，点燃希望

就这样，通过给小杰的各种特殊任务，既拉近了我们师生之间的距离，也锻炼了小杰的心智。让他慢慢地敢于去尝试，特别是需要付出体力、付出专注力的任务。心理学家维果斯基认为学生的发展有两种水平：一种是学生的现有水平，指独立活动时所能达到的解决问题的水平；另一种是学生可能的发展水平，也就是通过教学所获得的潜力。两者之间的差异就是最近发展区。对于像小杰这样对学习缺乏信心、学习基础又比较差的同学而言，就是要紧紧地把握就近发展区原则，让他们有学习的获得感。

小杰是对数学感兴趣的。我和数学老师商量，分析小杰的知识掌握情况，给他布置个性的作业，让他的知识区不断地扩大，也让他重燃了学习的希望。

（四）家校同步，重拾信心

孩子的逆商不高往往是在其童年、在其家庭成长中形成的。一种可能是父母的溺爱所致，一种可能是父母对他成长的忽视。

小杰私自离校事件之后，我加频了与小杰家长之间的联系，除了深入地了解小杰成长的童年外，随时沟通小杰在学校和在家里的状态。并且和家长约定了几条原则。

（五）调整期望值，静待花开

"望子成龙"，天下父母的愿望。但是天下也没有同样一片树叶，既然现已14岁的小杰初步形成了学习习惯和心理性格，我们就要接纳孩子的特点。

小杰父母第一次谈到对小杰的希望时就说道："希望小杰能至少考上大学，能在城市立足。"这也是一般父母的想法，孩子学习就是为了考上大学，考上大学才能找到好的工作，才能在这城市立足。父母往往带着这样的思维惯性，再结合孩子当下的表现，容易失去陪伴孩子成长的信心和耐心。

经过几轮的沟通，我也取得了小杰家长的信任。我给他们讲就近发展的理论，希望家长能调整对孩子的期望值，提出了"量身定做"期望值的观点，让他们根据小杰的表现，设置一些小杰能够得着，正向发展的目标。相信小杰会在一次次的成功体验中不断成长。

（六）注重过程性，放下结果

逆商低，受挫能力弱的孩子，往往不敢于尝试，面对困难时喜欢逃避。我跟家长沟通的另一个原则是要注重过程性，放下结果。

21世纪学习科学早已证明，学会学习比识记知识重要。就像《西游记》里师徒四人去取经，在路上的修行比取得的经书还要宝贵一样。

所以，邀请家长和学校一道，鼓励小杰不断地去尝试。在日常生活中，也转变对孩子评价的方式方法，多表扬他的行动，多关注他的尝试。从家长日常的言语中，为孩子营造一个正向的成长环境。

（七）一起学习情绪管理

小杰父母自述中多次提到，面对已是初中生的小杰，还那么娇气，不听管教，父母常常出现情绪失控的情形。

父母面对自己的期望一再落空，怒火胸中烧，会出现对孩子歇斯底里的吼叫。然而就算是父母歇斯底里了，孩子的表现也并没有朝大人所期待的方向好转。这其实就是父母对孩子的期望求之不得后的焦虑而迸发出来的宣泄。

我提议小杰父母和小杰一起学习情绪管理。在调整期望值、注重过程的基础上，用积极心态调整情绪。让小杰父母从孩子的角度去思考问题，开始理解孩子的一些以往看来是"不可理喻"的行为，心平气和地和小杰说话，用拥抱代替谩骂。

【分析思考】

如何开展个性教育的探索

本案例讲的是一个"逆商低"孩子的故事，"逆商低"只是他一方面的表现，同时会伴随着各种行为习惯的问题。了解孩子的成长环境和背景，找到他的问题所在，建立个性化的成长档案，应该是教育的开始。

有人说，教育无非两个词，一是"有教无类"，一是"因材施教"。面对学习基础和学习习惯较差的学生，如何开展个性教育，是专门学校应该首当其冲思考和实践的问题。不放弃每一个孩子，就能找到使这些孩子个性化成长之路。

叶圣陶认为，无论是聪明的、愚蠢的、干净的、肮脏的，我们都应该称学生为小朋友，老师要做学生的朋友，学生也要做老师的朋友。也就是"亲其师，信其道"，认识学生的个性后，应该和学生建立亲密的关系。

既然是"千人千面"，那么我们就要"见招拆招"。在具体的育人实践中，设计具体的活动，扬长避短，让学生的问题在活动中消融。

如何提升习惯教育的实效

"逆商低"伴随而来的就是行为习惯不好，加强行为习惯教育，需要教育人的耐心，更需要讲究技巧。

往往摆在教师和家长面前的，是孩子形形色色的问题，不是简单的一两句话能描述清楚的。但是关键是要让学生在成功的体验中成长。

行为习惯教育需要一个从外化到内化的过程。所以，小杰才会转学到专门学校。而专门学校半军事化管理，注重军事素养的培养，就是在创设一个习惯养成的环境，从而达到从外化到内化的目的。

然而，行为习惯教育更重要的是点燃学生的内驱力，内驱力才是成长源源不断的动力。案例中提到的最近发展区原理，就是让学生能够有自我发展的动力。

如何加强家庭教育的引导

《中华人民共和国家庭教育促进法》2022年1月1日正式颁布，足见家庭教育越来越受重视，慢慢回归到其应有的位置。从案例中看到，我主动地开展家庭教育的引导，对家长灌输心理学与教育学的知识，这也是班主任工作的重要一环，然后其形式和内容则值得商榷。

家庭教育的引导应该有学校的整体设计。家庭教育也是一门教育的科学，如何进行引导，需要有专业的设计和实施。学校可以针对性地开展系统的专题讲座，有条件更应该做好一对一的辅导。许多学生成长问题的根源就在家庭中，所以我们要更加重视。

家庭教育的引导应该以家校的亲密关系为前提。我们都无法改变孩子的成长经验，家长更是如此。如何有效地建立跟家长的沟通机制，必定是要以亲密的家长关系为前提。在我个人的带班实践中，就遇到过许多家校沟通失败的案例。

倾听孩子的内心

深圳市育新学校　毛武毅

【主题】

在孩子的教育过程中，教师要懂得倾听孩子真实的内心，因为真正的教育是从心与心的对话开始的，而心与心的对话又是从真诚的倾听开始的。前苏联著名教育家乌申斯基说过："如果教育家希望从一切方面去教育人，那么就必须首先从一切方面去了解人。"所以班主任一定要做一名真诚的倾听者，这样才会走进孩子的内心世界，让孩子的人生出彩。

【案例描述】

真是失望透顶，并且死不悔改，小余同学不知跟我做了多少次保证，我也不知让他抄写过多少《弟子规》《千字文》，但没过多久他又旧病复发，烟瘾重犯。周一晚上我值班，我在就寝铃响过后，到寝室查房，见小余在寝室里吞云吐雾，卷烟燃起的红火光，在暗夜里格外刺眼。小余是个屡教不改的瘾君子，我曾多次找他谈话，希望他能悬崖勒马，表面上，他一再表示要痛改前非，可背地里却我行我素。这不，又被我逮个正着。"小余，你写的保证书墨迹未干，你又旧病复发，你自己看看我怎么收拾你，你太让我失望了。"我恶狠狠撂下一句话，头也不回地走出了寝室，留下惊呆了的小余，半天都没回过神来。

第二天早上，我刚走进办公室的大门，小余就跟着我进来了，他耷拉着脑袋跑到我面前，我瞥了他一眼，一口气憋在我心里，没好声好气地说："我管不了你了，你换个地方学习吧。"

"老师，请您再给我一次机会吧，我一定不再抽烟，痛改前非。"他信誓旦旦地说。"你的这些话我听得太多了，我也不是没给过你机会，每次都反复，你哪一次不是信誓旦旦跟我下保证的，你叫我如何再相信你呢？"小余看我态度强硬，不肯原谅他，他情急之下一把抓住了我，带着哭腔、抹着眼泪跟我说："老师，这真的是最后一次了，我也不想去别的学校上学，我初中在这里读，职高也在这里读，我对这里的老师、学生特别是你班主任很有感情了。"听到小余之前从未说过的这些话，此刻，我的心里猛一抽搐并认真反思，是啊，我虽然多次抓获他吸烟，可我却从未追问过他吸烟的原因，也许其中另有隐情呢。更何况，他毕竟是个孩子，也并非无可救药。我为自己教育的草率而深感自责。想到此处，我的态度缓和下来，严肃问他："你既然知道吸烟有害健康，你戒烟为何如此之难呢？你有什么难言之隐吗？不妨告诉我，我也会帮你保密的，请你放心。"我这句话似乎触及他的软肋，我顺势将办公室的门关上，请他坐下来，小余开始慢慢讲述他的家庭，原来几年前他的父母因为感情不和而离婚，他跟着父亲，他的父亲整天忙于工作，很少回家，他一直由爷爷奶奶带着，由于缺乏良好的亲子沟通交流，家庭教育失位，加之自己学习基础差，跟不上课，心情郁闷烦躁，只能借烟消愁了。

其实每个家庭都有一本难念的经，想不到一个被我视为不可救药的学生，竟有这般家庭身世，听完他的诉说，几分同情在我心中油然而生。苏霍姆林斯基说过："关心儿童的精神健康是教育者的最重要的工作。"教育者的良知提醒我，我应该给他一个台阶，让他重拾自信。

我于是鼓励他说："小余，不幸的家庭和遭遇对弱者是灭顶之灾，对于强者却是一块试金石，面对不幸，借烟消愁，那是弱者的表现；面对不幸，笑对人生，那才是强者的态度。苦难无时无处不与我们同在，面对苦难，我们要以平常心对待，要学会品尝苦难，如同饮一杯浓茶，苦过之后，才会清香四溢。老师不相信你是一个懦夫，在苦难面前轻易地认输，何况你的家人也绝不愿意看到你一副萎靡不振、自暴自弃的样子，你顺利完成学业才是对家人的最好安慰。"听着我的开导，他紧锁的眉头终于舒展开来，许久，他若有所悟地点点头，向我投来感激的目光。

此后为了帮助小余彻底走出苦闷的心境，我决定帮助他渡过难关，我与班级同学商议好，多带领他参加班级及学校活动，在学习上帮助他树立自信，在活动中让他多参与，还经常保持和他父亲的沟通。隔一段时间我就到小余家里开展家访，小余的爷爷奶奶每次都很热情地接待了我，他的爸爸也深深地感受到我对他的儿子的关爱，在我家访时，他都跟单位请好假，在家里等着我，这在以前是从来不可能的事情。我每一次家访都和小余的爷爷奶奶及爸爸畅谈家庭教育和亲子关系的重要性，改变爷爷奶奶对孙子的宠溺态度和爸爸由于工作繁忙而当甩手掌柜的做法，共同营造友好温暖和谐的家庭氛围。在工作期间我也随时给小余的爸爸推送家庭教育的优秀推文，让他感受到我对小余的健康成长的重视，我与小余建立起了良好的师生关系，并和他的家人建立了更为紧密的家校合作关系，共同助力小余的健康发展。一段时间后，果然功夫不负有心人，我渐渐发现小余的心情舒畅了，学习态度认真了，学业成绩也慢慢有了好转，吸烟的恶习也奇迹般地戒除了。

作为班主任，在教育中，只要我们时时不忘走进学生的心灵，做学生心声最真诚的倾听者，学生心中还有什么样的心结解不开呢？再加上走进学生家长的内心，做家长家庭教育的指导者、参与者，家长还有什么不配合的呢？

【方法策略】

学生工作是学校的基础工作，基础不牢，地动山摇。我们要有良好的教师职业道德和心理素质，要有职业敏感性，及时察觉自己教育方法上的失误，不失时机再次走进学生的心灵，倾听学生的心声，找出问题的症结。找到问题后，我们还要解决问题，要以春风化雨、润物无声的启发、鼓励，让学生摆脱自己的心理负担。还要通过多种渠道，与同学们合作缓解该生的紧张心理、思想压力，让他走出人生的困惑，敢于直面人生磨难，具有较好的转化效果。

【分析思考】

曾有一位著名教育家说过："21世纪最困难也是最有价值的事是让老师闭上他的嘴。"让自己少说，当然不是怕麻烦、图轻松，而是为了腾出时间和机会让学生多说，还思考权、表白权、问题解决权给学生，让学生自己用实际行动去承受、化解、弥补、修复学习与生活中的问题和错误。我们则是在倾听中把握学生的思想动态，以便更快捷地与之沟通，从而实现化繁为简，以一当十的教育效果。

从璞玉到美玉的蜕变

深圳市育新学校　毛武毅

【主题】

在鲜花盛开的教育之路上，每个学生都会犯错，都有从璞玉到美玉的蜕变过程，作为班主任，要有宽广的胸怀和容人的气度，激励学生实现完美的蜕变，创造教育的美好。

【案例描述】

当晚上十点半时，我轻轻地走在学生宿舍的走廊上，学生已经熄灯就寝，夜静悄悄的。但突然一阵大笑划过夜空，打破了夜晚的宁静。我轻声地靠近此宿舍，并在门外暗中观察。"话说有一个南方人来到北京一家小吃店，对女服务员说：'睡觉一晚（水饺一碗）多少钱？'服务员一听，脸色大变，尖叫道：'流氓！'南方人一听，说：'才六毛，真便宜，来一晚（碗）……'"滑稽的内容加上他风趣的语言不时引得室友一片叫好。"哎，又是他。"我用手电筒将光源直射过去，想要制止此闹剧的继续上演。"谁呀，是想来一晚吗？"小徐貌似还在状态之中，意犹未尽，这时宿舍中传出阵阵的笑声。其他同学都往门口看过来，发现是我在查寝，都为小徐默默地担忧并预示着有"好事"即将发生。这个学生还真是应了"三天不打上房揭瓦，两天不骂提拎甩裆"这句古语。我当时只觉得脑门一热、一股热血往上直冲，手紧紧握住手电筒，准备推开门把他从床铺上拖下来让他好看。突然，内心深处一个"忍"字浮上心头，在我心中闪现。俗话说，人心不是靠武力征服的，而是靠宽容和大度征服的。高尔基也说过："谁爱孩子，孩子就爱谁。只有爱孩子的人，他才可以教育孩子。"作为一个中职生的班主任，动不动就发脾气、动肝火，这个脾气和火永远也发不完动不完，同时也是心胸狭隘、气度狭小的表现。一个心胸开阔、宽容大度的班主任是不会为这点挑衅而动怒的，特别是在处理学生的纠纷中，班主任一定要统筹兼顾、通盘考虑，并想到所带来的后果。中职生可能本身有他们的短板，虽是璞玉，但经过精雕细琢后，还是能琢玉成器，蜕变成完美的美玉。我怎么为了学生的过失而扭住不放、心存芥蒂呢？这才是我接下来处理该问题的核心思路。短短一分钟，我的内心经过了一番波涛汹涌的翻腾和触及灵魂的拷问，同学们都等着我的雷霆大作，我强压着升腾的怒气，压低了嗓门说道："都已经熄灯了，别的宿舍同学都已安静地睡觉了，有什么笑话要分享的话，明天白天再分享吧，也可以和我一起分享。同学们，早点休息！"说完，我就走出了宿舍，不久，同学们也就安静地睡觉了。

第二天我带早读之时，我把小徐叫到教室走廊上，我表现出了良好的态度，用温柔的眼光看着他。但我发现他已经心存芥蒂、战战兢兢地看着我，等着我的接下来的批评。"小徐，想不到你昨晚竟如此……"我故意停顿了一下，瞬间发现小徐的脸色大变、身体紧绷，好像预示着老师要秋后算账了。我看着他可怜的模样，一股怜悯之情在心头升起，我话锋一转，说："你的笑话讲得那么好，并能引起同学的捧腹大笑，也不是老师夸奖你，你还真是一块讲笑话说相声的料呢！如果有这方面的兴趣，可以在第二课堂时间培养这方面的特长，以后可以为班级带来欢声笑语，还有可能成为一位笑星呢。"小徐见我没有找他算账，反而对他和风细雨、温柔以待，他的脸色和神态渐渐自然和放松下来。"你要记住啊，讲笑话虽好，让人心情舒畅，但学校的校纪校规同样不能违反，晚上熄灯后就不要在宿舍讲笑话了，这样打扰了其他同学的正常休息。"我婉转对他的错误行为提出了批评。"老师，我为我昨晚的唐突行为和口无遮拦向你说声对不起，也当着全班同学的面向你道歉。"小徐说道。"你也不要太在意，但要保证以后不再犯了，现在都是职高一年级的学生了，不像初中那样任性，也要懂得更加尊重老师，讲文明懂礼貌，做一名优秀的中职生。"我诚恳对他说道。小徐有点小紧张地连声向我保证："老师，我一定改，绝不再犯，请相信我。""其实在老师心目中，你有很多的优点，譬如积极参与班级事务，在校运会获得过三枚奖牌，你是一个值得老师期待的孩子。你虽然有瑕疵，但经过打磨之后，你一定会完成从璞玉到美玉的蜕变，老师相信你并期待着你的蜕变。"在这之后，小徐像变了一个人似的，在课堂上能够跟随老师的进度专心听讲，更加积极参与班级事务，同学们遇到难题和烦心事，他都能挺身而出，为同学们排忧解难。课余还与同学们一起讲笑话说段子，他诙谐幽默的语言和抑扬顿挫的腔调在班级中起到了良好的反响，他还被学校评为了进步之星。

【方法策略】

世界上没有两片完全相同的树叶，老师面对的是一个个性格爱好、脾气秉性、兴趣特长、家庭情况、学习状况不一的学生，必须精心加以引导和培育，不能因为有的学生不讨自己喜欢、不对自己胃口就冷淡、排斥，更不能把学生分为三六九等。此则案例我用了宽容激励法，面对学生犯了错误时不是选择暴风骤雨式的直接批评，而是选择对学生宽容大度，在宽容中对学生进行激励和提醒，让学生感觉到自己受到了人格的尊重。接下来在宽容中对学生进行正向引导、积极鼓励，让学生深刻地感受到在自己犯了错之后老师没有对他心灰意冷、产生敌意，而是对其鼓励有加、充满期待。这样，学生就会牢记教师教诲，朝着向善向上向前的方向努力前进。

【分析思考】

金无足赤，人无完人。学生是未经精雕细琢的璞玉，但终究能够琢玉成器，成为一块美玉，我们老师应以海纳百川、有容乃大的胸怀和气度包容学生的过失与缺点，学生才会在我们的宽容与呵护中茁壮成长成才。古人有云："将军额头能跑马，宰相肚里能撑船。"我们教育者应具有宽阔的胸襟和容人的气度，对所有学生的优缺点包容和接纳，宽容体现的是我们一种博大的胸怀、一种无私的关爱、一种高尚的境界。宽容在具体的情境中所引起的教育效果有时候远比道德说教和惩戒的作用更加震撼和深远。

"宽容就像天上的细雨滋润着大地。它赐福于宽容的人，也赐福于被宽容的人。"西方的一句名言昭示着宽容的力量，教师职业是一项良心工程，我们须有崇高的人格修为，还要有广阔的海量胸襟。可能学生一句玩笑话伤了我的心，让我怒不可遏；可能由于处理不当而扼杀了学生的积极性和开朗活泼的性格，并造成教育上的悲剧；但又可能因为你的宽容、接纳和激励，一切都将变得美好如画、美妙如诗。

团队的力量

深圳市育新学校　屈　姣

【主题】

班主任是一个班级的灵魂，但单靠班主任一个人是不可能完美解决班级所有问题的。团队的力量是无穷大的，班主任要团结身边所有的力量，利用团队的力量帮助班级成长、帮助班主任自己成长，这才是大家共同成长的最好方式。

【案例描述】

新生入学，我成了一名职高新生班主任。班里30个孩子，性格迥异，个性突出，特别是其中有5个孩子，个个桀骜不驯，同时又精力充沛，聪明机灵，无时无刻不在树立自己的"校园地位"。也可能是人以群分物以类聚，他们5个竟然神奇地住在了同一个宿舍408，同宿舍的还有另外3位相对较为乖巧的男生。

开学不久，接到教官投诉，408有人抽烟。为了查清事情真相，我挨个地找408宿舍的人谈话，好家伙，那5个孩子竟然没有一个承认自己抽烟了的，编了一堆谎话来搪塞我，看来都是老手了。另外3名同学倒是较为诚实，承认了自己抽烟，并且还爆出了整个宿舍都抽了烟的惊天消息，只是希望我不要告诉他们的家长，自己是第一次，以后不会了。

得知此消息后，我请教了学校的老班主任们，然后挨个和家长联系，了解了他们的具体"底细"，并且和家长达成了"保密"协议。另外，我已经谋划好了一节关于抽烟的班会课，还找到了他们特别欣赏的班上颜值高还能说会道的女生助阵。

随后，我把408所有人都"邀请"到了办公室，没有再具体地询问到底谁抽烟了的事情。为了让氛围更为和谐，我先是夸了他们团结，然后向他们求助，想借此机会让他们帮忙想想办法，怎么能够让班里抽烟的学生越来越少，毕竟抽烟不是个好事，尤其是在校园里抽烟。大家相互看了看，笑而不语。于是我趁机给大家布置了个任务，刚好利用今天的班会课大家好好讨论一下中学生抽烟的原因、抽烟的危害以及如何让自己少抽或者不抽烟。作为不抽烟的女老师，只能向他们求助，我能做的就是提供一切他们所需要的帮助。

以一个求知者、求助者的身份，我在当天下午主持了关于抽烟的班会课，并尽可能地让氛围轻松愉悦。先是在保证不追究责任的基础上做了一个"问卷星"的调查，调查大家的抽烟史，我只公布了有抽烟史人数的数量，惹得大家一阵惊叹、喧哗与相互猜想。随后，请大家自觉发言你认为的第一支烟来自哪里？为什么中职生会抽烟？大家的发言很踊跃，有在爸爸的烟盒里偷拿的、有同伴递给自己的，也有自己出钱买的等等。至于为什么会抽烟，理由更是千奇百怪。有因为老师开了个班会强调不许抽烟后就开始抽的、有觉得抽烟感觉很爽才抽的、有大家都抽我不抽好像不太好就开始抽了的，还有无聊时就抽，因为电视上就是这么演的……千奇百怪的抽烟理由惹得大家哄堂大笑，而又讨论热烈。在总结分析了大家的抽烟原因后，我的几个备受欢迎"卧底"登场了，他们在下一个讨论话题"中职生抽烟到底好不好，女生对抽烟男生的看法"中起到了非常关键的作用。他们排练好的理性分析，得到了全班女生的高度赞扬。女生们大部分表达了讨厌抽烟的想法，尤其是还让自己抽二手烟，得肺病的概率增加，不仅不酷不帅，反倒是觉得很幼稚，找男朋友也不是很想找这一类型的，普遍认为吸烟是抽坏身体抽臭嘴，这惹得抽烟的男生们哄堂大笑。最后在讨论怎么帮助大家少抽烟的话题讨论中，有人提出把抽烟的和不抽烟的分开，不要在一个宿舍；把老烟民和新烟民分开，新烟民没上瘾的赶紧把他们拉出来，不让他们抽了；要是抽烟被发现罚钱当班费；要是谁在宿舍抽烟就吊起来打；还有自告奋勇进入到老烟民群体当中要用自身意志监督他们不让他们在宿舍抽的，这引来大伙一片崇拜……

最终，在和宿舍管理员以及各类烟民充分沟通的情况下，宿舍进行了一些调整，三位原本不抽烟的同学有两位去到了别的宿舍，另一位有威望的"高人"留在原宿舍"震慑"老烟民。没上瘾的新烟民后续没再发现过抽烟现象。老烟民虽然也还再抽，但是他们会坦诚地告诉我，自己抽烟了，实在是没忍住。

【方法策略】

1. 巧借团队外力，形成合力

面对学生的调皮捣蛋或者不配合，单靠班主任一个人单打独斗是很难解决的，这时候可以借用班主任团队的力量，多从团队中的老班主任、领导那获取经验智慧，让团队的力量来解决工作问题，既可以让问题得到解决，还能让更多的班主任看到更多的实际案例，学习到更多的经验。

2. 家校密切沟通合作，共同助力孩子成长

和家长保持密切沟通，班主任能掌握孩子信息的第一手资料，实现家校信息全握手中，既能增加孩子对班主任的信任与好感，更有利于班主任在对孩子的教育中做到有的放矢。

3. 借用朋辈进行教育

同龄人心理，请班级人气旺的美女同学说出班主任想说的话，学生会更能接受，不会有排斥的心理。本案例通过颜值高、人气高的同班女生表达出社会对吸烟的看法，学生不仅没有反抗，反而是欣然接受。

4. 通过示弱增进与学生关系，激发学生行为，给予学生展现自我平台

老师在自己的弱项方面向学生求助，更容易获得学生的信任，让学生放下防备心理。同时，示弱求助的方式更容易激发学生展示自我的意识，特别是男生，本案例中学生愿意参与到班会中来跟班主任老师的示弱求助有很大关系。

【分析思考】

一个班级的成长需要很多人很长一段时间的共同努力。班主任的成长也需要借助多种方式。班级孩子的成长更是需要借用多方面的力量。在班级早期出现问题时，借助更多的力量帮助班级和班级成员共同成长是一种高效地解决问题的方法。

逆境中理解与榜样的作用

深圳市育新学校　屈　姣

【主题】

班杜拉的社会学习理论认为，榜样教育在人的学习过程中起着重要作用。从动作的模仿到语言的掌握，从态度的习得到人格的形成，均可以通过对榜样的观察和模仿加以完成。榜样教育的过程是人、行为与环境相互作用的过程，要想方设法激活人、行为与环境的因素，特别要充分发挥替代性强和认知的中介作用，使人们更加理解性地理解榜样的精神实质和时代内涵，并有选择性地纳入自己的价值体系，成为自己信念的一部分，通过实践把观念的存在变成现实的存在。

【案例描述】

"老师，我不想读了，我想退学。"在一个周五的上午，我班的王平同学带着一双红肿的眼睛走进了我的办公室！

"你怎么了？出什么事了？"我的神经瞬间绷紧。王平不回答，只是不停地哭。

王平同学在我印象里极上进、敢于承担，是我班委着重培养的对象，还指望她成为班级管理风云人物呢。在上初中时，由于成绩不好，被老师疏远过；在家里，因为家长陪伴的缺失，导致亲子关系不合，甚至一度离家出走，和父母"拔刀相见"。但在踏入了新鹏职高的大门后，在学校教育理念的影响下，积极地参与到班级、学校的众活动当中，找到了自己一显身手的好机会，现在在班里影响力还不小呢；通过自己一年的努力，现在还当上了学生会干部。这就是她担任学生会干部的第一周。能出什么事呢？我从她言语和表情中捕捉到了她心态的变化，作为班主任，我明白，孩子此时最需要的是我的安慰与理解。接下来的两节课，我没让她去上课，就让她在办公室坐在我旁边慢慢平复情绪。

"你是不是遇到了什么难以解决的困难？"看她情绪有些缓和，我试探着问。

"嗯。"她点了点头。

"你能来找老师，说明你信任老师，那你能不能和我说说？"她的态度有所松动，我努力引导她说出心中的想法。

"老师，我在学生会受到了严重的'排挤'，班上同学总和其他班同学在背后议论我，我感觉自己都快撑不下去了，我想请假，我想回家。"王平的语气里夹杂后悔和失落。

"你要是回家了，那下周的军训怎么办？"王平是个热爱活动的孩子，军训活动对她来说应该有很大的吸引力。

"我下周一定不会来参加军训的，如果要我参加，我就退学！"她回答得斩钉截铁。

她的神情和态度让我大吃一惊，平时热爱活动的她居然如此地抵触军训，从她的回答中，我也敏感地捕捉到，她情绪的落差一定和军训有关。我打住了军训的话题，安抚好她的情绪，让她先回教室等待。

是不是又和父母起了冲突呢？我立即拨通了她家的电话，询问家里是否有事情发生。孩子妈妈告诉我没有任何情况发生，她也不知道孩子到底怎么了。但孩子曾打过电话回家说自己想请假，妈妈的意思是如果坚持要回，就请假回家。看来王平早已做好了军训请假的准备。

难道是和同学起了冲突？中午的时候我去了女生宿舍，询问王平的近况。她的室友告诉我从周四晚上开始哭，具体原因不是很清楚。紧接着，我又去找了分管学生会的老师。老师说，王平上任后做事很认真，只是由于是新工作，有一些做得不够完美的地方而已。

究竟是什么原因让王平产生如此强烈的情绪呢？如果找不到原因，想要做通她的工作就很难了。我正着急上火的时候，校长的电话让我恍然大悟。校长说我班的学生在教学楼楼下拦住了他，要"为民请愿"，要求取消军训，理由是作为学生会的干部，找校长抗议是为身边的同学表达想法，作为学生会成员应该给同学们"谋福利"。校长严肃地驳回了她的请求。而这个请愿的代表，就是王平！

当天晚上，我给王平打了电话，告诉她我了解了事情的始末，并试探着问她是不是感觉自己受委屈了？话音刚落，王平就在电话里哭了起来。原来，自己为了大家去找校长抗议，却没有人站在她身后支持她，反而说自己不想军训只是说说而已，这让她觉得遭到了背叛，内心十分委屈。更为重要的是，她当着校长的面撂下了"下周绝对不来军训"的狠话。孩子对自尊心的维护，让她对同学、对军训，甚至对校长都充满了敌意。

我知道，这件事情不能强硬着来，而要从长计议。

我的从长计议还没开始，王平又对我放了"大招"。周六下午，王平给我发了一张病假单，上面写着"抑郁症，建议休息，不适随诊"。跟我说军训要请假一周，我急忙打电话过去问情况，王平告诉我说医生是这么写的，具体结果要体检后才能知道。抑郁症，如果确诊，那会是很严重的事情，我很担心。赶紧咨询心理老师，接着我又继续联系家长，结合孩子在家表现和在校日常表现，再三和心理老师确认没大问题之后我才稍微放心了一些。

我又给王平打电话，这次电话的主要目的是跟她"套近乎"。我耐心地询问她的心情状况，嘱咐她减少焦虑，焦急地等待她的检查结果，并一再跟她强调，有什么需要帮忙的，第一时间要告诉我。由于医保卡放学校的原因，王平周一下午才能去医院做体检。在这段时间里，我一直在微信上保持着和王平的联系，并邀请她放学后一起逛街喝奶茶，让她感受到我对她的理解和关怀。终于，王平她充分地信任我了。

我知道，我进入她心里的机会来了。

我郑重其事地把我对她成为班级管理风云人物的期待告诉了她，并因为她在学生会的此次举动，对她未来成为学校管理风云人物抱以很高的期待！她眼里充满喜悦但又有些不解，自己都这样了，还能成为班级甚至学校的管理人才？接着，我们开始了探讨，我们聊了古代的魏征，聊了现代的某些个政协委员等，最后我做出了如下结论：古有言官魏征，冒死谏言，推动历史前行；现在有政协委员，不顾网游骂声一片，也要给国家政策添砖加瓦；我校有王平，敢说敢做，为民请命，推动学校前进！班级、学校、社会需要的就是你这样有勇气有担当，不畏艰难，敢想敢做的人才。

接着，我们一起分析了回校军训和不回校军训的利弊，平心静气地讨论这件事情带给自己的得与失，慢慢地王平从之前的情绪当中解脱了出来，最后接受了回校参加军训的意见。

在接下来的两天军训活动中，我时刻保持对她的关注，表现好的时候"串通"教官一起表扬她，情绪低落的时候会用心安慰她。她跟我吐槽说参加军训还是有些不开心，不仅累，食堂的饭菜还吃不饱。但是也正是这样，没有时间和精力去想别的事情，同学们的议论也没什么，反正军训的坎儿算是过去了，以后自己会勇敢一点，做事情也会考虑周到一点。听到了她说的这些话，我心里涌动着一阵幸福，我知道王平收获了成长！校长得知她的情况后，在军训结营仪式上表扬了她，并且和她单独合影留念来鼓励她。我想，这张合影，不仅是一个意外的惊喜，更是一个孩子成长的见证。

再后来，王平成了学生会主席，带着她独有的个性为学生服务！

【方法策略】

注重人性的优点，助其健康成长与自我实现。学生行为出现了偏差，首先感到不安的是学生自己，作为老师，应先安抚学生的情绪，给她一定的缓冲时间，给她提供最优支持、同情和选择，让她能够在较短时间内找回自我内心的真实想法，实现自我成长。相反，当父母和权威者不考虑孩子的独特观点，或者只有在孩子符合一定的标准才给予被爱的信息的话，那么这些孩子就容易出现不健康的情感和行为模式。

关注与认可，助其重拾信心。从积极心理学的角度，心理学的功能应该在于建设而不是修补，班主任通过微信、电话、家访、约出去玩等形式，让王同学感受到老师对她的关注与在意。引导她勇敢地加入到军训的队伍中去进行自我建设，从而恢复了自我的积极面。

塑造榜样，给予期待。通过榜样的塑造让王平对自己的行为有一个良好的定位，再给予期待，让她把榜样的精神转变成自己的实际行动。

【分析思考】

孩子在中学阶段，总是倔强而又敏感的，又有着极强的自尊心，希望得到大家的关注，又特别在意他人对自己的评价。在教育的过程中，如果急于求成，或许适得其反；如果平心静气，用理解创造交流的基础，用尊重打开孩子的心扉，给孩子创造一个最优的环境，那么作为教育者可能我们遇到的困难就不是困难，而是打开一片新天地的钥匙；受教育者遇到挫折也不是挫折，而是收获成长的契机。创造最优环境，就是让孩子有机会自己去经历人生的磨炼，在自我砥砺和智慧引导中成长并成才。

相伴，成长

深圳市育新学校　屈　姣

【主题】

"陪伴是最长情的告白。"每个孩子的成长过程当中总会出现几个他又爱又怕的人，而这几个又爱又怕的人通常是给他最多关注，陪伴他最长时间的人。亲其师，方能信其道。作为老师，要尽可能关注每一个成长的心灵，播种下一个灿烂的明天。

【案例描述】

（一）矛盾重重

开学第一天，班里来了几个异常"活跃"的男孩，小魏，小林，小黄，小登，还调皮地说我像"大表姐"。他们总是活跃在校规校纪的红线之外，不出早操，不整理内务，班级的操行分几乎都是他们几个的功劳。课堂上，不是在睡觉，就是和旁边的人聊一些与课堂无关的话题。找他们谈话，他们说得最多的一句话就是"要是我什么都好，那我还来这学校干吗呢"？他们的存在，让我感觉整个班都被弄得乱糟糟的，甚是烦恼。

班里要求上课把手机放到手机袋，一天中午，我检查手机袋的时候发现小魏的手机袋里是一个破旧不堪、一看就不能用的"备用机"，当时很生气，结合小魏前段时间的种种表现，我一个电话请了家长来校沟通。当天是周五，自我感觉和家长聊得还挺好的。

晚上七点开始，我的微信开始被我的这群大表弟们轰炸。先是小魏的质问："你们老师就只知道向家长告状吗？现在家里要将我吊起来打，你满意了吗？"接着，小林发来这样的信息："为什么总是要针对我们几个？"小登更直白地说："知道你不喜欢我们几个，但是你也不能这样子整我们，动不动就用家长压我们。"看到这些信息，我既生气又惊讶：生气的是我不辞辛苦请家长，是因为他们自己表现不好，却反过来责备我，孺子不可教也；惊讶的是我请家长沟通的结果，竟然让孩子跟家长关系更加紧张，对孩子造成再一次的伤害。我开始自我反思：这种情况请家长对事情的解决有帮助吗？从小到大，他们被请家长无数次，无一例外的是一顿教训，到了职高，还要这样吗？他们的身心发展已经达到能够实现自我管束的阶段了，只有通过自我约束，他们才能在未来发展的道路上有路可走。

接下来的一段日子里，他们几个似乎都不拿正眼瞧我。

（二）拉近距离

冷静之后，我想方设法重修和他们之间的关系。我总是有意无意地找他们中影响力较大的小林聊天，找到机会就在班里使劲表扬他，小林对我的"敌意"开始松懈。接下来的一个月，是校园篮球赛，他们四个都是篮球队的主力，为了拉近和他们的距离，每一场比赛我都去看，不仅自己去看，还组织班里的女孩子一起去，为他们呐喊、助威，取得胜利的时候和他们一起拍照庆祝。在每一场比赛的陪伴下，虽然他们没有言语上的表达，但我能感觉出来，他们已经不排斥我了，我开始成为他们的一分子。

（三）以心换心

期中考试过后，是大家期待已久的校运会，尤其是开幕式，是大家展现自己的好机会。为了让校运会更精彩，学生会组织了开幕式上奥运火炬传递的活动，一部分火炬手由校园公众号中点赞产生。很神奇，这四个孩子竟有三个是点赞前三，第一名的是小魏。终于迎来了开幕式，终于等到了奥运圣火传递的环节，这几个孩子的心情却是由激动到失落，再到愤怒，奥运火炬手竟然没有他们的名字。他们质问我："老师，这既是内定的，干吗还要搞这种点赞来欺骗大家感情呢？"我心里也很失落，想着他们好不容易有一个以榜样形象出现在众人面前的机会，就这么没有了。同时，我也感觉到如果这件事情处理不好，以后他们的负面情绪一定会增多。我跟他们说："别急，我去确认一下是哪出了问题？"我先是问了站在旁边的学生会的工作人员，她告诉我说是主任定的。然后我又离开校运会场地去了主任办公室，原来是昨晚奥运火炬手排练的时候他们不在教室，不知道跑哪去了，由于时间紧张，所以临时决定换的人，我跟主任理论了一会儿，最后商定给他们每人一套校运会奖品作为补偿。我知道如果我把这个结果告诉他们，他们一定会更多地抱怨学校的做法，而不是反思自己的行为。我不停地思考要怎样处理才能让这件事情对他们产生的负面影响最少。我和他们站在同一战线，为他们感到委屈，打抱不平，但是我却不知道怎么去解决这个问题，想着想着，我大哭了一场，既为自己的无能哭泣，也为他们错失表现自己的机会而哭泣。我边哭边思考：孩子们需要的，是我为他们的努力争取的这份心，是我放下一切陪着他们一路成长的过程，所以不管结局怎样，只要有我还站在他们身边，陪在他们左右，我想他们都能接受的。

校运会项目要开始了，工作人员叫班主任下到自己班级所在的位置，我擦了擦眼泪，回到班级区域，就坐在他们身边。但是，回到班级区域后，竟然没有一个人问我关于奥运圣火的事情，小林同学还热情给我递了瓶水。也许孩子们是看到了我的努力，即使没有任何结果，他们依然觉得很欣慰，因为他们认为我是陪在他们身边的。

校运会期间的晚自习学校组织烧烤，烧烤开始前，我和他们几个坐在一起穿烤串，想借着这个宽松的氛围和他们聊一下奥运圣火的事情，我刚一开口，小林同学却很自然地跟我说："老师，不用说了，我们都知道了，你去找了主任，我们爱你，谢谢你这么为我们着想！""我也爱你！"小黄同学说。"老师，我最爱你，就知道你对我们最好了。"小魏调皮地接话。"你是我们最好的大表姐。"小登补充道。心里一股暖流涌动，为孩子们做的每一件小事，他们都记在了心里。此刻，我知道，我的一颗真心已经换得了他们的真心。

晚上烧烤他们给我烤了好几个鸡翅，虽然有些是没烤熟的……

（四）同心前行

校运会结束后，班级召开了主题班会"相亲相爱一家人"，他们四人表现很积极，班里气氛既活跃又温暖……

再后来，我请家长的次数越来越少了，和他们相处却越来越多了。虽然班级操行分偶尔还是会扣分，课堂上也会忍不住打瞌睡，但他们会主动找我认错，并且跟我说："大表姐，我错了，我自罚去跑步和打扫卫生，一定想办法把分加回来。"

【方法策略】

撇开成见，平等接纳。很多中职少年因为曾经的不良行为而受到过多种不公平待遇，他们的内心极其敏感。作为班主任老师，如果能想办法让每个孩子有机会重新出发，有机会改变自己对他人的认知，学生会相对更容易接受他。

倾入关注，陪伴鼓励。"陪伴是最长情的告白"，班主任每天对于学生的陪伴，在学生的心里慢慢建立起了一座情感的桥梁，学生会习惯班主任的陪伴，会享受有班主任陪伴的过程，自然而然地他就越来越信任班主任。

适当示弱，激发斗志。从心理学的角度来看，每个人都会更愿意帮助弱者，帮助弱者能激发学生的责任感与正义感，这次案例中的主角都是血气方刚的少年，更需得到教师的引导。

【分析思考】

好的教育是你还肯付出，他还愿意改变。对于职高的孩子来说，能够让他敞开心扉地接纳你，好的教育就实现了一半。在和孩子长期相处与陪伴当中，你的付出与他的改变往往是在同时发生，如此才能完成亲其师信其道的全过程。作为班主任，要多花时间和学生相处，学生才能接纳你、信任你。

正面管教助力"校霸"找回正确价值感

深圳市育新学校　屈　姣

【主题】

行为不当的孩子是丧失了信心的孩子。他们的不良行为是在让你知道，他们没有感受到归属感和价值感，而且他们对于如何找到归属感和价值感抱有错误的信念。但一个受到鼓舞的孩子是不需要行为不当的，所以鼓励是改变孩子行为最有效的方式。

【案例描述】

新学年伊始，几经分班淘汰与周折，一个名叫明明的学生被迫来到了我所带的班级。

"他是我们学校的校霸。"班级其他同学告诉我。在我还不以为然的时候，班级几个蠢蠢欲动的男生在他的"带领"下果然掀起了一股最坏班风。给女生起外号，让班里弱小的男生买东西，不出早操，自由调换位置，上课聊天等完全无视校规班规的存在。

和以往问题的解决方式一样，我找他讲道理，但好不了半天；我给他小惩罚，可也管不了三天，反而开始耍小手段不让我知道他干的"坏事"，或者是找个背锅侠来应付我。

我生气极了，开始想着要怎样才能制住或者是赶走这颗班级的"毒瘤"。

我找到明明的"家长"进行深入沟通，这才了解到原来明明没有"家长"。亲生父母在他小学时因债务逃离而失去联系，他跟弟弟跟着已有家室的大伯生活，还经常要看大婶的脸色。

明明就像是一个被抛弃的孩子，不被关心，不被需要，不被关注，不被爱。所以他才做出种种偏离正常行为的举动来证明自己的存在，引发他人的关注。当然，有时候他是真的不知道自己错了，因为他的成长路上没有人给到他正误的标准。

1. 因抽烟事件而被需要

明明所在的408宿舍在开学两个月后的某一天又被教官发现抽烟了，上次因为抽烟，有人受到了处分，所以这一次没有人承认自己抽烟。在告诉他们不说出实情全宿舍所有人都会受到处分之后，一位"英雄"到我办公室跟我承认是他抽烟了。我知道，这又是一位被迫当的"英雄"。

我需要一个有号召力的同学帮我管理宿舍其他同学，宿舍其他同学需要他的提醒与监督！我一下子就想到了明明，我肯定了他号召力强的优点，并且诚恳地告诉他我是多么的需要他这样有能力的人帮我管理宿舍，其他同学多么需要一位小哥哥提醒、监督他们尽快适应学校规章制度。明明有点意外地看着我，然后答应了。

也许这是明明第一次被老师这样"委以重任"，第一次被别人把自己看在眼里、记在心里。因为这次的"委以重任"，明明跟我的关系更近了一步，他总是主动找我讨论宿舍的问题，自己不知道怎么做了或者是做得不好室友不服气了，都会跟我讲。我知道他的这种讨论除了想解决问题本身外，更多的是想让我知道他有在努力地做事情，希望得到我的关注。而我，通常也会满足他的小小心愿，给予足够鼓励的同时，表达我的关怀，然后再晓之以理、动之以情地让他明白是非对错。

408的整体表现越来越棒，明明的"校霸"之风渐渐成了宿舍长之风。

2. 因打架而感受到爱

一天，另外班的一个老师突然找到我，说他们班的同学被我们班的明明打了，在宿舍打的，我和那位老师立马找到明明，但明明很淡定地否认了自己有动手打人，只承认自己在现场，看到有人打那位同学，在有人给他递烟的时候，他接了并抽了。在场的人都否认自己看到了明明打人的一幕。

我又开始上火了，心想着付出了这么多，难道都是喂了白眼狼吗？还这么不懂事！但我很快就想明白了，孩子的转变是一个长期而漫长的过程，他已经进步了很多，只要处理得当，这一次的犯错，也许能让他有新的收获。

最后，因没有确凿的证据证明明明直接动手打人，明明因参与打架的性质而被给予处分，并要参加为期一周的行为习惯养成教育。我每天都会专门去看他训练，跟带他的教官沟通，而他的表现也很好，仿佛变了一个人，教官还让他做了班长。在结营仪式上，作为他的班主任，作为他在学校的坚强后盾，我表扬了他，并且像对待自己孩子一样表达了我对他未来的期望和给他预设的未来模样，在带他回宿舍的路上，明明突然哭着对我说，"老师，你好像我的妈妈。"然后给了我深情的拥抱。这是我第一次听到明明提到妈妈。也许，他此刻感受到了爱，内心受到了很大鼓舞。

3. 军事素养课程找回自我

作为学校的特色课程，军事素养课程是学生不太喜欢的课程。小明在开始的时候也和大家一样，嘴里喊着不想参加，但在实际课程中表现非常优秀，不怕苦、不怕累，还经常会因为看到其他同学表现不符合要求而着急上火。教官让他做了军事素养课程的管理员，我也经常逮到机会就表扬他。在最后课程结束的时候，明明被评为了优秀毕业生，并从那时开始承担起了班级整队列队负责人的重任。后来，明明在总结中写到，自己未来想要成为一名优秀的军人，保护好自己的同胞。

经过接近三年的努力，明明的信心逐渐找回来了，慢慢在正确的道路上找到了归属感和价值感。

当然，明明现在依然很不完美，还有很多不良的行为习惯没有完全改变过来，但他顺利参加完了高考，并通过自身努力、克服诸多困难通过了计算机考试。他还打算在大一时去参军，希望在部队实现自己的人生价值。

【方法策略】

思维转变，变"坏"为好。每个班总会存在几个孩子有点"坏"，让老师们头大，但从事物的辩证性来看，这种"坏"从另一个角度来看一定会是"宝"，作为老师，要把这种孩子认为的坏引到好的路上来，然后孩子才能在一个良性循环的环境中健康成长。

委以"重任"，给予空间。坏孩子很多时候是"闲"出来的，他不知道自己该干什么，不该干什么，这个时候需给他一个正确的引导，让他有展示自我的平台，有创造表现自我的机会，让他在给定的空间里发光发热，这对孩子的健康成长而言是一条必经之路。

及时肯定，及时引导。教师在和学生相处过程中拥有的特殊权力目的是帮助孩子改变不良行为，而不是用权力让孩子吃苦头。及时的肯定和引导能够让孩子备受鼓励，勇往直前。

【分析思考】

明明的问题成因是长久的缺少正确引导形成的后果，他这一类的孩子由于缺少正确的指引、缺少关爱，他的成长路上没有人及时地给予他正确的指导，导致他只能在一个孩子的世界里自己摸索，通过多年的摸索，他也形成了自己固有的一套与正常孩子截然不同的行为模式。要改变明明的这种行为模式需要长期地投入大量的精力，从每一件小事、每一个细节去给他灌输正确的价值观，并且让他感受到爱，让他有机会重新回到一个少年应该有的轨道上来。

收集星光，汇成光芒

深圳市育新学校　张　敏

【主题】

每一个学生，他们在成长的过程中都会遇到很多问题，也会不小心养成许多坏的毛病和习惯，但是这并不代表这个学生一无是处。当我们遇到学生被冲动情绪左右时，以退为进，让学生认清冲动的代价，同时以正面管教的方法，将负面情绪转向积极。多从积极正面一方去看待学生有问题，并且要会挖掘学生身上的闪光点。他们本都是璞玉，只是尚待雕琢。

【案例描述】

我所带的班级，有一个女孩，她火暴的脾气在一开学就给我留下了深刻的印象。在她开学第一周就因为在午休期间在宿舍玩手机，屡次不听从宿舍管理老师的管教。在被管理老师没收手机后，她的脾气爆发了。在军训期间的一个傍晚，我用完晚餐后正走向班级队列处，突然前面一阵喧哗，一个女孩哭着走出了队列，往宿舍的方向走去。我迅速走上前，快速了解情况后，我跟上前去。到了宿舍，她蹲在地板上，带着哭腔给家里打电话，责怪自己的父母，为什么给她报志愿，报到这所学校。哭诉来学校后的种种不适，抱怨学校的管理过于严格。这时，我没有阻止她，我耐心陪伴在她的身旁，听她讲完所有的抱怨。等她平静下来。再尝试去引导她，既然已经来到这所学校了，是我们所不能改变的，那我们能改变的就是自己的心态。心态改变了，我们才能改变自己，为自己争取一个更好的将来。安慰了她一番，总算是安抚了她。她开始继续参加军训。然而这一次的突发事件，还只是一个开始。后续还有许多我与她的故事。

在军训时我一直仔细观察每一个学生，发现了她有较强的管理能力和沟通能力。于是在军训结束后，我安排给她一项重要的任务，让她担任"诗颂中华"朗诵活动的总负责。她用她雷厉风行，敢说敢做的态度，顺利地组织好学生完成朗诵的任务。为了鼓励她，我还跟她的家长联系，肯定孩子的表现，讲述她勇于承担，完成活动组织工作，原以为家长听到后会感到欣慰，出乎我意料的是，她的家长听到后难以置信，认为自己的孩子不行，没有能力，管不好自己。我渐渐了解到孩子的问题，出现在她的家庭里。

我和她的故事一直在持续，她多次旷课，上课迟到，不完成作业，课堂睡觉。这给我添了很多苦恼，但是我想她在家里就是接受的打击教育，我可不能一味地否定她，我要反其道而行之。我找她谈话，了解她的行为习惯背后的原因，原来她的家长给予她的尽是批评与指责，她甚至毕业后想要远离家里。说着说着还在我面前哭了起来。我听着十分痛心，但我只能一步步来。为了解决这个孩子厌学的问题，我寻找她的兴趣爱好，原来她喜欢调酒，所幸的是调酒、咖啡、茶艺都是我们专业老师的基本功。我给她定目标，教她如何自学，每周抽出一些时间专门教她实操技能。鼓励她学习好专业课。慢慢地，这个孩子有了变化。

她提出了参加技能大赛种子选手的选拔，在技能大赛备赛时认真背诵理论知识，课堂上更是认真练习好实操技能，在这一次的期末考试更是以餐饮服务课全班第一名的成绩交出了一份答卷。而我在这个过程中，一方面做好她的思想引导，一方面我要协调她和家庭的关系，秉持着多鼓励多表扬的原则，我会把她在训练时的照片发给家长，把她有进步的地方分享给家长。家长也从最开始觉得"孩子不行"，到现在的"看到了孩子的进步"。

【方法策略】

我想这就是我们一线的教师在践行着我们的"非对称性理念"。这个孩子在学习上不行，但是她积极参与活动，我们给她创造机会。她在行为习惯上有偏差，我们慢慢加以引导她。她在专业技能上有兴趣，那我们就给她一个舞台让她绽放。利用家校合作，结合家校共育的形式促进学生成长。

【分析思考】

有时候我们要给学生犯错的机会，一次次的教育和长谈为的是她哪怕一点的小进步。我们也要用心关注每一个孩子，她身上总会有闪光之处，即使再微弱，也要用心去呵护。在孩子失意时，给她一些体谅。在孩子迷茫时，寻找她的兴趣。用发现的眼光看到她身上的光芒，我们就像收集星光一样，把她身上哪怕小小的光都收集起来，给她创造舞台，让她在这发光发热，绽放出耀眼的光芒。

正面引导的力量

深圳市育新学校　张　敏

【主题】

每一次情绪爆发都是一次教育契机，每一场管理危机都是一次矫正机会。正视孩子的负面情绪，采用迂回战术，不直接对抗情绪。以退为进，给学生一个宣泄情绪的出口。先包容学生的缺点，再从正面的角度去加以引导和鼓励，把学生的优点最大化，一次正面的引导，胜过百般的批评。

【案例描述】

高一（酒店管理）一班，来了一个短发的有着火暴脾气的女孩叫佳佳。在她开学第一周就因为在午休期间在宿舍玩手机，屡次不听从宿舍管理老师的管教。在被管理老师没收手机后，她的脾气爆发了，在宿舍嚷嚷着要收拾东西退学回家。我接到管理老师的电话后，让佳佳来到我的办公室。只见她低垂着脸颊向我战战兢兢地说自己做错了，不应该发这么大脾气。因为手机可是她的命根，她要用手机跟她那些没有继续读书的朋友联系的。听到此，我便了解了大概。我让她继续说，以便借此诉说的机会让她缓解下情绪。说完后，佳佳也认识到自己做错了。这时，我可不能这么快就原谅她，要让她记住掌控情绪也是很重要的。

我默默从抽屉里拿出一张白纸，我说："你不是想退学吗？既然东西都收拾好了。那你可以写一份退学申请，然后办理好退学手续就可以了。"听到这，佳佳慌了。她说当时只是一时置气，并不是真的想退学，恳请我给她一个机会。我可不能让她这么快就糊弄过去了。在我的假意坚持下，她急得快泛起泪花。这时，我便让她坐下，换一种语气安慰她说道："佳佳，你已经是一名高中生了，你要为你自己的一言一行负责任的。无论你当时的心情如何，但是你说出的话，做出的决定可是会影响你的终生的。你要记得了！"她听完频频点头，我便让她回忆以前自己生气时说过的话，做过的事，以及得到的后果。佳佳便跟我谈起她初中离开学校去打工，差点没有读书等等的事情。在这些回忆中，我只是问她："那你觉得你当时这样做对吗？你冷静下来后还会这么做吗？"佳佳仍是低着头回答我："我确实是脾气不好，我以后要学会控制情绪。"这个孩子的迷惘和不安，我都看在眼里。

我问佳佳："你知道为什么当时入学面试的时候，你能被挑选到酒店管理班上来吗？"

"不知道。"佳佳回答。

我说："首先，你的沟通能力是没问题的，你面对面试老师时落落大方。其次，你有很好的外形条件，这和我们的专业要求是相符的。而且你有一个很大的优点，你看看，你初中的朋友没读书了，你却仍能坚持你认为重要的东西，你还想着学习一技之长。你不会太容易受他人影响。这是你的优点。"其实我这是在肯定她的同时，给她一点积极的心理暗示，希望她不要受到身边的朋友的影响。

然后我给她看一个优秀的学姐参赛的照片，跟佳佳说："你有很好的条件，如果你懂得好好利用，并且努力提高自己的英语口语，你也可以像学姐一样优秀。"希望借此机会让她找到自己在这里的目标，于是在接下来的酒店服务技能大赛学校选拔赛中，我推荐了佳佳报名参加竞选。她为此还紧张了许多天，认真地抱着酒店英语句式在背诵。虽然她在选拔赛中没有作为种子选手被选中。但是只要努力了，就是一个好的开始。我也不会就此放弃一个良好的教育契机。我把佳佳在选拔赛中所有的表现都认真地记录了下来，并且和她共同分析了她的问题，给她提出了可以提高的方向。让她要继续地努力，从基础的英语和技能开始。

但是佳佳这个孩子的身上，还是小问题不断。时常办事拖拉，连累她的同学因她而迟到。上课没有精神，总是昏昏欲睡。有时候我们要给学生犯错的机会，一次次的教育和长谈为的是她一点点的小进步。在孩子十五六岁的年纪，犯错是正常的。有些错误可以犯，但是一定要能够在每一次错误中有所成长和提高。而我们作为老师，不就是陪伴她们度过这三年的青春岁月吗？在孩子犯错时进行教育，在孩子迷茫时进行引导。我最重要的原则便是不放弃。

【方法策略】

美国尼尔森提出的《正面管教》中说道："犯错误是学习的好时机。"作为一名教师，我们面对的本就是一群容易犯错误的学生。如果我们连犯错的机会都不给，那孩子如何成长呢？《正面管教》中说到我们要利用好时机，有效地运用鼓励，把学生不良行为转向积极的方面。其实每一个行为有偏差学生都有自己的优点和长处，我们要着眼于学生的优点，让学生认同自己，认知自己和发展潜能，她才能有克服坏习惯的勇气和毅力。

【分析思考】

从佳佳的身上，我看到了许多中职学生的影子，佳佳的问题是脾气火暴。但从我后期与家长的沟通和深入了解佳佳后我发现，佳佳的问题是因为爸妈关爱的缺失导致的，只要是佳佳做错事便会得到责骂。这让佳佳从小就不自信，认为自己很差，有很多毛病，不是一个好学生。长此以往，佳佳便学会了暴躁地发泄不满。因此，负面的管理模式对孩子的成长和提高是多么地不利。

从《正面管教》当中我学到了家庭教育和班会指导原则，我尝试把两者融合起来。利用家长会的契机与其家长沟通了孩子在学校存在的问题，以及孩子的进步和优点。多谈孩子的进步，也让家长在平时多以鼓励为主。正面地鼓励学生，不要因为学生的错误便全面地否定她，或许我们会收获一个更优秀的学生。

科学引导使用手机，促进自我成长与发展

深圳市育新学校　文良勇

【主题】

著名教育学家马克·普伦斯基所说的"数字原住民"，使用手机、电脑、平板、网络等，对现在的孩子来说，就像呼吸和吃饭一样，已经变成了一种本能。随着时代的发展以及5G网络的普及，学生的手机管理已经成为学校教育和家庭教育中重要的一种教育现象。那么如何能够更科学地引导孩子使用手机等电子产品呢？通过"以身作则""制定契约书""探究式使用"等方法，培养孩子养成健康使用手机的习惯，引导孩子更好地利用科技工具来促进自我成长与发展。

【案例描述】

2021年2月26日，深圳市新鹏职业高级中学学生成长指导中心为了落实《教育部办公厅关于加强中小学生手机管理工作的通知》，要求班主任在班级家长及学生微信群推送《教育部办公厅关于加强中小学生手机管理工作的通知》。

镜头切换到开学前的第一天——2021年2月28日。

当天，深圳市新鹏职业高级中学全体学生返校。

2月28日下午4点16分。

"汽修2020（1）班，应到40人，实到33人，马正轩，彭子杰，倪乔佳，陈华兴，沈在伟，杨广昌，赵天宇在路上。"一条微信来了，原来是班长小宇给我反馈了班级返校人数。"老师我交吗？手机。"班长小宇又传来一条信息。

看到小宇的短信，我想班级群里推送的通知已经影响了班级的家长和孩子了。

"交。"

"啊，别吧，我也要交啊？"

"学校统一规定周日返校当晚交手机，班长得带好头呀。"

"那我能放在宿舍吗？上课放在你那，下课啥的再过去回信息啥的可以吗？"

"可以的。"

"老师，下午和晚上也给我吧！早自习之前交给你，好吗？"

"不行吧，要保证你晚修的质量和晚上的睡眠，怕你耽搁休息。"

"不会，我有节制的，只是定个闹钟而已。"

"那更不用说了，学校有铃声！哈哈。"

"拜托、拜托、拜托，但我真的只是在发信息。"

"当面说。"

"好。"

在2月28日晚自习见面后，我给小宇详细说了晚上带手机的危害，希望他能慢慢适应学校的《手机管理规定》，能将手机上交学校保管。小宇当时点头答应了将手机交给生活管理教师。

3月1日上午开学第一节课主题班会上，我发现座位上的小宇面色灰黑，两眼无光，目瞪口呆，一言不发，毫无生气，和上学期对比，判若两人。我想这还是我上学期培养的班长吗？还是在学校军事素养课程上作为优生代表发言的小宇吗？还是在国旗护卫队中英姿飒爽的小宇吗……带着这一系列的疑问，我决定课后找小宇聊聊。

在主题班会的最后环节，我分配给班长小宇以"新学期·新气象"为主题的班级文化墙设计制作任务。与此同时，我还号召全班同学参与写下自己新学期的学习目标和学习要求，为班级文化墙提供更多更好的素材，同时招募了周乐霖等同学帮助班长设计完成新学期第一次班级文化墙。希望他能在完成文化墙设计制作任务活动中加强与同学和老师的沟通，以期获得开心和快乐。我全程参与了新学期第一次班级文化墙的设计和制作，主要是想进一步观察小宇在任务完成过程中的表现。经过观察，我发现他在带领设计小组在组织参与这次活动的过程中并不会表现得两眼无神，我的眉头才稍稍有些舒展。

随后，我将小宇叫到办公室，进一步了解情况。

此时的小宇仍然表现十分忧郁，眼眶里常含泪水。

"你有什么问题，告诉老师，我们一起解决好吗？"我轻声地问小宇。

"老师，我不想交手机。"他始终低着头支支吾吾。

"为保护你的视力，能够保证你在学校专心学习，防止沉迷网络和游戏，促进身心健康发展，可以先尝试交老师收管起来。周五放学后我返还给你，周末可以有节制地使用。"

"好的，老师，我慢慢来适应。"

随后，我拨通了小宇妈妈的电话，进一步了解了小宇使用手机的情况。

小宇妈妈告诉我，小宇在六年级的时候，小宇爸爸就为其配备了智能手机。近日假期，小宇在家时常会有凌晨两点还在玩手机的现象。新学期开学前，学校在教育部的通知背景下执行了《教育部办公厅关于加强中小学生手机管理工作的通知》禁令，小宇受不了手机离手上交，表现出离开手机的恐惧。

【方法策略】

那么家长、老师如何才能更科学地引导孩子使用手机、电脑、平板、网络等呢？笔者认为：

首先要以身作则，做好榜样，才能引导孩子健康地使用手机。其实，别说当代青少年们是"数字原住民"，我们身为家长、老师，至少也是半个"数字原住民"了；别说孩子可能有过度使用手机的不良习惯，我们有时候也很难控制自己低头看手机的行为。研究表明，父母在亲子共处时表现出"热衷"手机而"冷落"孩子的行为，不仅会给孩子树立不良的手机使用"榜样"，还会带来情感上的疏远，这都可能会增加孩子过度使用手机的可能性。因此，想要让孩子健康地使用手机，家长、老师要做的第一步是以身作则，在家、在教室不过度使用手机，避免"手机不离身"的状态，而是把更多的时间与精力投入到自我提升、亲子互动、师生互动中，在潜移默化中为孩子做好榜样。

其次要与孩子一起制定手机使用契约书，养成良好的手机使用习惯。在控制手机使用这件事上，一份双方达成一致的手机使用契约书可能会带来积极的效果。我们可以选择一个轻松的时刻，与孩子一起讨论使用手机的具体规则与边界，例如使用手机的时间、可以使用手机的特定场合等。你可以参考以下规则，试着与孩子一起协商签订手机使用契约书，并制定相应的奖惩措施，避免一边做事一边使用手机（例如不可以一边吃饭一边看手机）。建议在周一到周五每天用手机的时间不能超过1小时，周日和周末不超过2小时。如果超过则从下次的使用时间中翻倍扣除。此外，在学习娱乐网站充值金额额度不超过一定的金额。不经父母同意不绑定个人或父母身份证/银行卡相关的信息。每晚22点后不可以玩手机。不经父母同意不能下载新的应用软件。每周或每月设置一定时间的无手机日（例如一天或半天）让孩子一起参与制定规则的过程，可以让孩子意识到自己在手机使用方面是有能力做好自我掌控的，可以让孩子更有动力去遵守自己制定的手机使用规则。

最好的办法是通过引导孩子项目探究式使用手机，让孩子们学会科学地使用手机。作为数字原住民，既然离不开手机、网络，那么就好好利用它们，让手机等电子产品成为助力孩子未来发展的学习工具。我们可以根据数字时代孩子的特点，包括习惯于屏幕阅读、习惯通过网络迅速获得最新信息、同时处理多种任务、喜欢获得即时反馈等特性，为孩子提供多种形式的利用技术工具的机会，提高孩子信息搜集、解决问题的能力。

我们可以以"项目探究式使用四步法"为载体，让孩子学会更好地利用技术工具试着按照以下步骤做一做：

第一步，确定主题：可以和孩子一起从生活中真实存在的问题入手，确定探究使用的主题。例如"如何消灭蟑螂""如何清洗茶杯"等。

第二步，查阅资料：鼓励孩子借助网络、书籍等多种途径查阅大量的资料，并且在解决问题的过程中保持查阅资料的习惯，不断更新信息。

第三步，制作分享：可以让孩子制作一个音乐相册、拍摄一段VCR视频、编排一个音乐剧等，来锻炼孩子使用不同技术工具的能力。在孩子制作完成后，可以把成果发布在视频号、抖音、快手等平台，或者开一期成果分享会，让孩子有充分展示的机会。在这个过程中，请不要吝啬你对孩子的表扬！

第四步，总结反思：在成果展示后，可以与孩子一起客观地总结和反思本次探究式学习中的收获与不足，鼓励孩子养成不断优化的思维。坚持这一步，孩子的收获会更多一点！

【分析思考】

这个时代的孩子为什么总是离不开手机？小宇这个案例中家长在没有完全自控能力的六年级给孩子配备智能手机真的合理吗？家长既然给孩子配了智能手机，有没有商量一些协议？

而且，据《美国医学会精神病学》杂志最近刊登的一项研究也发现：每天浏览社交媒体平台超过3小时的青少年，患焦虑和抑郁在内的心理问题的风险要比其他人高出60%；超过6小时的人，其患病风险增加78%。小宇时常沉迷刷手机会导致睡眠不足，也会严重影响身心健康。

这个时代的青少年生活在一个被电脑、视频、游戏等数字科技包围的时代，生活在一个无时无刻不在使用信息技术进行交流与活动的时代。他们已经是著名教育学家马克·普伦斯基所说的"数字原住民"，使用手机、电脑、平板、网络等，对现在的孩子来说，就像呼吸和吃饭一样，已经变成了一种本能。他们对网络有着天然的认可和接受度，更倾向和习惯于屏幕阅读，习惯通过网络信息技术迅速获得最新信息，同时处理多重任务，喜欢获得即时的反馈信息等。

因此，我们并不能硬生生地把数字原住民与网络、手机等直接"剥离"，而是应该在充分理解孩子所生活的时代、所具备的特点的基础上，培养孩子养成健康使用手机的习惯，引导孩子更好地利用科技工具来促进自我成长与发展。

优势发展，请对伤害说"NO"

深圳市育新学校　文良勇

【主题】

校园伤害无处不在，孩子们本能的语言或者行动上的冲动会造成不可估量的后果。作为班主任，应该利用班会课以及班级活动系统地给这群孩子们做好防范校园伤害的教育，为生命成长的土壤里埋下防范校园伤害的种子。学校教育是一种集体教育，在学校教育里孩子们在同一个区域一起开展课堂讨论活动、课后体育活动等场景中难免会形成意见不一致的情况，那么如何才能真正做好防范校园伤害事件发生呢？面对校园伤害事件，作为班主任应该怎么办呢？

【案例描述】

2021年芒种后的深圳夏日，显得特别燥热。

在这酷热的天气里，九里香在花园里慵懒地蔫卷着花枝，玉兰树在天空吃力地伸展着枝条，知了在古老的玉兰树枝丫上尽情地吟唱，它们都用自己的姿态拼接成一幅宁静而略带倦意的夏日图画。

这时，一阵学生的喧嚣打破了这夏日的宁静。从玉兰树下的汽修实训室里传来了一阵阵奇怪的喧闹。

"老师，小溪用螺丝刀砸伤了小圳。"班长小铭急匆匆地跑来我办公室喘着粗气告诉我。

"人受伤没？"我赶忙从办公室起身，"走，我们快去看看……"

我和小铭快步来到汽修实训室里了解情况。

"小圳呢，受伤了没有？怎么回事？"我着急地问在场的同学们。

"老师，被班长乐霖送去医务室了。"在场的同学也争先恐后地说着自己看见的真相。"老师，是小溪，是他用螺丝刀砸伤了小圳。"

我顺着孩子们手指的方向看去，发现小溪木呆呆地站在墙角，嘴唇微微地颤抖着，脸颊上冒着一颗颗晶莹的汗珠。

"怎么回事？小溪，你受伤没？"

"没有……老师……他用语言羞辱我，我……"小溪很委屈地说道。

"君子动口不动手啊，你不能用东西砸伤同学啊！"我焦急地劝说小溪，"把人砸伤了怎么弄呢？"

"老师，我错啦，我……我……控制不住自己。以后我不会啦……一会儿，我见到他给他道歉。"

看着小溪充满悔意的双眼，我不想再说什么。

我伸出了我的手掌，说道："来，击掌为盟！"

"啪"，小溪也伸出来自己肉嘟嘟的小手打在了我的手掌上。

然后他转身朝着宿舍的方向走去。

小溪离去的身影消失在学校公园小路两旁的九里香里，剩下的还有一长串喧嚣的知了声。此刻，我陷入了深深的思考。

【方法策略】

担任班主任以来，曾数次遇到学生之间因言行不合而发生彼此伤害的事件，有互怼互骂的，有互殴互斗的，幸亏师生及时发现制止，才不至于造成严重后果。面对这样的校园伤害事件，作为班主任应该怎么办呢？

首先，班主任要从观念上引导学生树立正确的同学观。世界之所以如此美丽，那正是因为拥有参差百态之美。生命个体本身就具有不同的美。因此，在同一个班级中可能因为学生的认知、家庭背景、阅读范围、生活层次的不同，对同一事物和概念的理解也不尽相同，这属于正常现象。班主任要帮助学生树立正确的同学观，不因个人情绪而寻衅滋事，以欺辱、挑逗同学为乐，而是严格遵守《中学生守则》管理好自己的言行；不应该因同学有低幼的言行或错误的言论而嘲笑甚至殴打同学，而是应该以包容接纳的态度承认低幼或错误的存在，要寻找恰当的契机用对方容易接受的方式真诚地帮助该同学提升认知，从低幼或错误的理解转变为正常或正确的理解，从而树立正确的同学观。

其次，班主任要开展一系列特色鲜明的班级活动，增强班级凝聚力。班级同学总会以小组、宿舍或者是兴趣爱好来组成不同的小团队。班主任老师要开展不同内容的班级活动，让更多的学生展示自己不同的智能。根据美国哈佛大学教授、发展心理学家霍华德·加德纳于1983年在《心智的结构》一书中提出的"多元智力理论"学说，不同的生命个体所拥有的智能是不完全相同的，加德纳提出人的不同智能包括语言智能、音乐智能、数理逻辑智能、视觉空间智能、体育运动智能、人际交往智能、自我认识智能、自然观察智能等等。因此，班主任要系统地开展班级活动，让拥有不同智能的孩子都有自己的展示舞台，发展生命成长的优势，增强自信心。

最后，当校园伤害事故的确发生之后，事发现场的师生必须第一时间控制事态发展，并立即通知班主任和校医，班主任和校医要将被伤害同学及时送医，确保伤害程度最小化。然后及时联系受害者监护人，向知情同学调查伤害过程细节，分清是非责任；要以教育为目的促进沟通，抓住教育契机，促进参与双方孩子的生命成长。班主任、家长及学生的朋友要帮助被伤害的孩子一起面对，积极帮助受伤者调整受伤的身体和心态，持续关注就医和咨询心理医生情况，帮助受伤者走出挫伤感。往往被言行中伤的孩子会存在身心不同程度的创伤，会存在身体伤痛以及失落、哭泣等悲观情绪等情况，受伤者会在一定的时间里沉浸在自己的悲伤情绪中。这时，需要及时得到班主任老师、家长以及学生的朋友的抚慰、关怀，帮助孩子走出挫伤期；当受伤程度十分严重时，建议按照教育部《学生意外伤害事故处理办法》相关规定处理。

【分析思考】

校园伤害事故，是指在学校实施的教育活动或学校组织的校外活动中，以及在学校负有管理责任的校舍、场地、其他教学设施、生活设施内所发生的造成在校生人身权受到损害，导致其受伤、残疾或死亡的人身伤害的种种事故。校园应该是青少年读书、成长最好的地方。学校要尽量从设施、制度上保障校园伤害事故不发生，做好预防工作；班主任老师要做好引导和教育管理，帮助学生认识到校园伤害的危害。同学们，当你在美丽的校园求学追求进步的路上，请珍爱生命，远离伤害！当你与同学发生争执时，请尊爱你自己的生命，你是一位新时代拥有文明素养的好青年，请管理好自己的言行。当你打算伤害其他同学时，请你尊爱他人的生命，他也是社会细胞中某个家庭父母的心头肉，请你冷静地换位共情，不要让情绪的魔头带你跌进了彼此伤害的深渊。

让我们以仁慈宽容的心态以青春的名义相约盟誓吧！在学校"非对称性"教育理念的引导下，请进行个体生命优势发展，对校园伤害说"NO"！让校园变成温暖有爱的成长乐园、智园，成为彼此青春绽放智能风采的绚丽舞台吧！

行为干预，让孤独症学生正向发展

深圳市育新学校　文良勇

【主题】

问题学生，从某种角度上来说，是指他的思想或者行为存在一定的问题。孤独症学生是问题学生的一种典型类型。目前医疗手段所起到的作用基本上限于改善症状或者抑制并发症的发生，那么改善孤独症学生生活和生命质量的任务，就落在了教育和心理工作者的肩上。作为专门教育学校的班主任也需要掌握一些关于孤独症学生教育的方法和策略。

【案例描述】

小胖，16岁，他有着壮硕的身躯，戴着半框黑边眼镜，眼睛眯成一条缝，口袋里随时带着毛巾和水壶。时常游离班级队伍之外，独自站立一处，环顾四周，不时抠一抠指甲，摇一摇身体，若无其事地等待着校园不同的镜头的切换节奏。

该生愿意和人沟通的时候，会主动找你沟通，但只会说他想说的话，说完了转身就走了。你叫他，他根本不理会你；与同学沟通，他总是先动手摸、拍、击打同学，然后恶人先告状，还会扯着大嗓门吼道："某1，打我！某2，打我！……"

"救救我，救救我……"这是班级小胖下课后在和同学闹矛盾时才会放大声量的独特吼叫，他会用185厘米的身高加上230斤体重的能量把这句话推向整个校园的每一个角落。

上课，小胖随便发言，动不动就离开座位；经常打断老师讲话，不太懂规矩；该生生活习惯不太好，总是掰扯课桌椅，把掰下来的木块放入口中，不停咀嚼，以此来减轻自己心理压力，只有在咀嚼物品的时候可以让他变得平静。

……

学生出现上面这些不良行为，如果能排除身体本身的疾病原因，就可以考虑属于孤独症学生了。这一类学生普遍存在以下不良行为：语言重复，行为过度或者语言行为缺乏，畏惧等待，五官敏感等。建议去专业医疗机构做进一步诊断与治疗。

语言重复。孤独症学生会将从网上看来的同一句话或者同一个故事，同一则新闻等相关素材，在某个时间段反复地告诉他愿意告诉的对象等行为，也会自言自语式说一些没有任何实际意义的话。

行为过度。孤独症学生会出现正常学生不该存在的行为。针对自己喜欢的人，会不分时间、场合出现又搂又抱亲吻脸蛋等行为；针对自己不喜欢的人，会不分时间场合出现大叫大嚷，拍桌子，吐口水等，甚至还会出现击打自己胸口等自我伤害等行为。

语言行为缺乏。孤独症学生会出现该有的行为没有出现的情况。当别人向自己打招呼时，没有任何反应，或者被别人误解时不会解释等行为。

畏惧等待。孤独症学生会在班级排队集合的时候出现不能整齐排队的情况；在教室坐久了，会出现离开教室座位，出门转悠等行为。

五官敏感。孤独症学生会存在听觉敏感的问题。比如：他们会对某些词语、音乐比较敏感，当其他学生不时提及这些词语的时候他们会紧张到生气；当他们听到某种让自己愉悦的音乐的时候，会情不自禁翩翩起舞。

【方法策略】

朋辈管理，建立关爱互助成长关系。同学、朋友的教育感染往往对孩子语言行为的正向改变帮助很大。我们可以在班级成立专门的成长小组帮助针对某个孤独症的不良行为进行（前提—行为—后果）过程性调查记录，通过一定的教育感染手段，从而达到教育矫治管理的目的。经过多次调查以及教育沟通，基本形成了举手发言的约定，平时让纪律委员监督登记，帮助孩子成长。

开通爱心专线，接通情感链接。针对小胖无法与同龄人沟通的问题，经过与家长多次沟通，准许他每天佩戴电话手表，开通爱心专线，固定早晚和父母通话一次，周末由父母带去专业医疗机构矫治。

小妙招管理，进行行为干预。经过多次尝试微信、小纸条等沟通方式都无用，只有拿手机假装拍照才能及时制止他的不良行为，还可以采用悄悄话的形式和他能进行短暂沟通，另外可以借助情境式回合试验进行指令性教学，针对孤独症学生进行指令性训练、执行错误矫正程序等，对语言沟通障碍等不良行为进行行为干预。

物品强化，引导不良行为正向发展。教育者可以选择该生喜欢的物品进行正面强化。强化物品可以是饮料、水果、饼干等成人眼中正常的礼物，也可以是学生喜欢的废纸片、小螺丝、塑料袋儿等孤独症学生喜欢的礼物，还可以是他们喜欢的一个特殊的表情、一句由衷的称赞、一个拥抱、一个大拇指等等，只要选择一些能够让孤独症学生产生满足感、快乐感的东西就行。不过不同孤独症的学生，可能喜欢的东西也不太一样。教育者在选择强化物品时要从个性生命角度出发，善于观察，找到适合每一个孩子的经济安全可靠的强化物，让强化发生在改善不良行为之后，变成孩子的生命成长过程中的惊喜。

代币管理，培养性格忍耐力。教育者可以在孩子不良行为改善时发放一定的小奖票，并且规定这些奖票的购买力。比如，5张奖票可以兑换一支笔，10张奖票可以兑换一个自己喜欢的玩具，20张奖票可以兑换一次自己喜欢的活动……通过代币兑换，可以培养学生的性格忍耐度，逐渐好转，不过教育者在兑现承诺的时候一定要信守承诺。

【分析思考】

孤独症学生的这些不良行为会对学生个人日常生活学习形成干扰，给班级其他同学带来严重的困扰。这些不正常行为也容易遭到其他师生嘲笑，招来冷眼。

孤独症学生出现这些不良行为，如果能排除身体本身的疾病原因，其主要目的往往是寻求感官刺激，逃避现实，寻求注意，要求得到某种实物，不能忍受活动转换，缺乏某种社会技能，对环境不适应，不能忍受等待，等等。教育者要细心观察学生反复出现的不良行为，详细填写《孤独症学生不良行为调查记录表》，认真分析所得数据，找到出现这些不良行为的原因，然后进行有针对性的强化、消退行为干预，达到减少和消除不良行为的目标。教育者要帮助孤独症学生消除不良行为，才能够让孤独症学生更好地参与学习生活，才能够让他们更好地学会正常的生活方式，逐渐被社会所接纳，更好地融入社会当中。

在专门教育学校，一定会存在各种不良行为的学生。当班主任遇见孤独症谱系障碍学生的时候，请多一分关爱和宽容。需要教育者们付出更多个性化的教育智慧，帮助他们矫正不良行为，才能真正促进其生命的健康成长。

抓住教育契机，守护学生成长

深圳市育新学校　史资红

【主题】

教育是一件长期而艰巨的任务，要善于发现学生中的教育契机，苏霍姆林斯基在第四卷第753页《和青年校长的谈话》中说，"人是要教育的，为此必须懂得用什么去进行教育和怎样进行教育。"所以，当学生出现问题时，教育契机就出现了，我们要抓住契机，思考用什么样的方式对学生进行教育。作为班主任，我们不仅是学科的授课老师，更是学生的教育者、生活的导师和道德的引路人。

【案例描述】

刚上了职高的孩子们，第一次离开父母的怀抱，独自面对寄宿生活，内心难免会想家，会有情绪。他们每个人都不同，在学校里的时间比在家的时间还多，尤其在同一个宿舍朝夕相处的时间就更多了，每天在孩子们身边都会发生各种各样的事，这些突如其来的事，如果我们用心对待，认真处理，都是一个个教育孩子的契机，都是一桩桩教育案例。所以教育一直在路上，不仅老师在教育学生，学生也会教育老师，著名教育家叶圣陶先生说："教师并非教书，而是教育学生。"只有做学生的学生，才能做学生的先生。学生间发生的一桩桩事，都是我们的一个个教育契机，它给我们教育者一个个机会去培育我们这群孩子，让他们学会与人相处，学会如何去做一名品行端正，拥有高尚的道德情操的人。至少是一名对社会有用，不危害社会的人。

最近发生的一件事情——班费风波。班费是由同学们共同出钱，用于支付班级活动的经费。它的使用，要经过大部分同学表决同意才能使用。相信每个班在搞大型活动的时候都会涉及使用班费这一现象。为了培养我们孩子的独立管理钱财的能力，班上收集的班费我都会选择一个认真负责、把钱管得很紧的孩子作为财务部长来管理，几经物色，我发现小丘同学就是那个能担此重任的人，她为人正直，所有经过她手的钱，她都要问清楚才能拨经费。采购员是个美差，因为寄宿制的原因，上学期间，学生不可以离开校园，除非特殊情况。作为采购员可以离开校园，出去采购物质，顺便放放风，所以很多孩子都想去。作为班主任的我也为带谁出去为难，为了公平起见，我会在报名的人中，挑选认真负责，愿意为班级出力，不计个人得失的孩子换着出去采购，要不专门给某些固定的人去，孩子们肯定有意见，作为班主任来说，工作就不好做。今天故事中的小主人公小董、小许、小罗同学正是这样的孩子。小李同学做事方面从不要我操心，而且特别细心，就被选为管账的了，她做的账清晰明了，有根有据，同学们也很服她，每次班费支出她都会把支出证明拍成图片配上文字，发到家长群和学生群里，请大家监督，大家通过她的账目能明白每一分钱的出处，并且每次我也会认真核对，做到心中有数。

运动会的到来，让每个人都很开心。运动会举行的第一天晚上，按照惯例学校都会举行烧烤活动，但是这次因为疫情，所以取消了，同学们都有些失望，为了让在运动场上累了一天的学生们能放松一下，我特准许几个人出去采购零食犒劳一下全班同学。由于时间太紧了，离第一节晚自习上课只有一个小时了，所以必须赶紧行动起来。但考虑外出安全问题，我全程陪同他们，由他们自己挑选同学们爱吃的零食。他们挑零食的时候也很费脑子，要考虑大多数人的喜好，买好东西还要大包小包地提回去，真是太辛苦他们了。但不管他们花多少心思，总免不了众口难调，当出去采购东西的孩子把东西搬回教室，给大家分着吃的时候，班上还是有一个孩子不满意，因为他们没有单独为他定制一份，因此不满的情绪还是有的，这种一切以自我为中心的想法，我认为不好。因此私下里我把这个学生叫了出来，我表示很理解他的这种想法，毕竟作为独生子女，在家里都是众星捧月，在大集体中，没有照顾到他，自然会有情绪。我安抚了他的情绪，但也明确告诉他，"我们是一个集体，做不到人人满意，一切以集体为重，少数服从多数。如果有特殊需求，可以提前告诉我，在条件允许时，尽量满足。"最后，他也欣然接受了我的建议，没有发泄不满的情绪。

采购员辛辛苦苦从超市把同学们爱吃的零食采购完，走出超市，天都已经黑了，购买的东西又重，眼看快到上课的时间了，再等公交车回学校，一定会很晚，同学肯定都在焦急地等待了，为尽快到达学校，我建议用班费支付他们的打车费，毕竟这是为班级出力，就是因为这20元的打车费，引起了不小的风波。具体情况还得从晚自习最后一节课说起。最后一节晚自习的时候，班上记账的小李同学，把近期的项目经费支出明细，以及辅佐的证据都发在群里供学生们监督，同学们认真地看着每一笔支出，这时小马同学发现费用中有一处打车费用，也就是我让他们打车回来报销的费用，他认为不应该班费出，理由是他出去打车都没报销，所以小董同学他们也不能报销。而小董同学坚持去采购的是班级的东西，应该班费出，而小马同学是因为私人原因出去，所以不能报销是正常的，为此一个晚上他们之间一直争执不休，最后小董同学妥协，觉得没必要为这20元争执，于是在班级群里发了个红包，名目是打车费。我看到小董发的红包，我觉得不对劲，赶紧打电话给小董去了解事情的原委，小董同学告诉我因为小马同学打车回来用自己的钱，而他们打车费可以班费报销心里很不平衡。小董同学说不想和他们争辩，就自己掏钱付了车费。

【方法策略】

知道这个事情后，我认为首先要安抚小董同学的情绪，小董同学肯定很委屈，我不能让她为班级的事劳心劳力，还要受委屈。于是我私下把打车费转给了小董同学，第二天一大早，我来到了班上，当着全班同学的面，把事情原委给同学们说清楚，还她一个清白。一来是让同学知道真相，二来是告诉像小董同学那样的学生，不能一边你们为班级出力，不计较个人得失，一边流着泪，要不谁还愿意挺身而出为班级出力，让他们知道班主任就是他们坚强的后盾，会为他们主持公道。三来是不愿看到那些愿意为班级出力的同学不敢站出来。同学们知道小马同学打车费为什么不能报，小董同学为什么能报，都表示非常支持小董同学。说实在的，我们的学生还是非常明事理的，小马同学也意识到自己的行为非常不对，当天晚自习快要结束的时候，小马同学当着全班同学的面主动向小董同学很诚恳地道歉了。小董同学也接受小马同学的道歉，觉得我们的班级还是很好，有温度的。因为误会，小马同学揪着区区20元不放，其实从侧面看，他还是认真做了一个监督者的工作。小马同学知错能改，马上去道歉，也化解了他和小董同学间的矛盾。如果他们间的误会不解除，小董同学暗暗打算再不理他，除了收作业，这样对建立一个友善团结的班集体该多么不利啊。事情处理完了后，借着这个契机，召开了一个班会，让同学们对这件事情发表个人的看法和见解，进而对全班同学进行了教育，我也在班上特别表扬了这两个同学。表扬小董同学热爱班集体，全心全意为班级服务的精神，哪怕受了委屈，也以班级利益为重；表扬小马同学勇于承认错误，知错能改，鼓励他继续监督好班级的财务。有他们的较真，班级财务才能很透明，鼓励更多的孩子参与到班级事务中，建立一个有温度，有爱的班集体。

【分析思考】

这就是运动会上发生在班级里的一个小小的风波，虽然是一件小事，但是能以小见大，它为我教育孩子提供了一个很好的机会，对于作为班主任的我来说，就要抓住一个个这样的机会进行有温度的教育，守护学生的成长。不能因为事小，就放弃对孩子们的教育。教育不仅是一种智慧，更是一种策略，恰当的教育让我们班级的凝聚力更强了，人情味更浓了，我们本来就是一个大家庭，是相亲相爱的一家人，有什么矛盾，大家冷静下来总是能找到解决问题的办法。有错不怕，谁还没犯过错呢？教育就是一种服务，我要用细心、耐心、爱心，把我们班的每一颗心串联起来，构架起心灵的桥梁，构建起学生成功的阶梯。

眼见不为实

深圳市育新学校　宋延兵

【主题】

有尊重，才有沟通，有尊重，才有互相体谅，所以尊重是建立我和孩子感情的基础，不管是谁做错事了，都希望得到别人的谅解和尊重。同时作为和学生最直接接触者的我们更要承认错误，敢于向孩子道歉，要以身作则，这样才能使孩子诚实守信，让孩子树立正确的价值观。

【案例描述】

10点10分，楼道内又响起了熟悉悠长的晚休铃声，我和往常一样走进楼道挨个宿舍地给他们关灯并叮嘱他们：熄灯以后就别讲话了，安心休息，明天还要早起跑步。巡视了一周，随着整个走廊的安静，我也返回到自己的值班室，放松下身体，拿出一本书籍，慢慢地细品里面的大千世界。

时间转瞬，刚准备冲凉睡觉。忽然，安静的走廊里，传来了不合时宜的脚步声。一看时间快十一点半了，我赶紧打起几分精神，快步走向宿舍，发现是小L同学在走廊里走动，脑袋里瞬间想到了小L的情况：小L新生、单亲家庭，父亲在外务工，跟着爷爷奶奶一起生活，因为家庭管教不严，又从小缺失母爱，所以性格十分孤僻。在班级很少和同学说话，上课也基本处于走神状态，作业就更不用说了，在校的绝大部分时间都是自己玩自己的，遇事容易冲动，我尝试和他私下沟通，但一直没找到切入点。在走廊里看到是他，我心中暗喜："总算有机会可以小聊一下了！！"

我轻咳一声，他转头看到我，我招招手，示意让他过来，刚到值班室，我就严厉地说道："怎么回事？你平常吊儿郎当就算了，这都几点了，你在走廊里瞎晃悠什么？你自己不睡觉就算了，这样会影响到其他同学的。"当时我只想着利用这次机会，先给他扣一个违反纪律的"帽子"，然后再慢慢听他解释。没想到平时容易冲动的小L这次并没有立刻反驳我，只是两手紧紧抓住自己的裤子。在灯光的照射下，他的脸色显得有些紧张，额头隐隐有汗珠溢出，并且有眼泪在眼圈里打转，小L说道："教官，我身体不舒服，我只是想过来和你说一下，又怕打扰到你的休息，刚在走廊里面站了一小会儿就被你发现了。"听到这里我心里一紧，赶忙给他倒了杯热水，让他先坐会儿，说："你先坐下，我换双鞋子就带你去校医室。"在去校医室的路上，我主动给他道歉并说出了一些鼓励的话，引导他以后遇事也能够像今天一样冷静处理，听到我对他道歉，他给我的第一感觉是很诧异，我说："怎么了？"他说："以前可没有老师像你这样和我道歉。"我说："你爸妈呢，他们应该有道歉吧？"小L只是默默地低下了头，我知道我说错了，这种场合不应该提起他已经离异的家长，这件事情过后小L的性格明显有转变，特别是在处理事情方面，以前遇事就像只刺猬谁说他两句，他都得怼回去，谁要是动他一下，他必定得理不饶人，现在他虽然也会有以前的那种冲动，但是大部分都会冷静地处理事情。更可贵的是，有些时候会主动找我聊些让他迷茫的事情，我也能根据我自己的理解和他进行对答，当然我有不懂的地方也会和他一起去电脑上查询！

【方法策略】

静下心来想想，有时候只需要我们的一句道歉就能让一个孩子转变自己的行为是多么神奇的事情，转念一想他们也只是个十三四岁的孩子，怎么可能在所有的事情中都做得尽善尽美。这件事也告诉我有时候遇到问题也不一定是"眼见为实"，作为一个教育工作者，在评判一个人的时候不能通过他的过往或者一件事，就对其进行批评或者表扬，比如小L的平时表现或许让我很不满意。但是就这么个让人不满意的孩子，有时也会做出让我们感到意外的事情，就是这样一个性格孤僻遇事冲动的孩子，在我严厉的质问下也会让他产生委屈，产生无助，这件事给了我深深的教训，因为他们毕竟都是幼嫩的，一旦我伤害了他，就很容易产生更大的伤痕。作为一名教育者，在批评学生之前，一定要认真思量，好好想想事情弄明白了没有，千万不能草率去判断处理，如果当时学生产生了对立情绪，那事情反而会更难处理。作为一名教育者，当认识到自己的错误后，也需要我们勇敢地承认错误，要让孩子们知道，我和他们一样在错误面前没有高低贵贱之分，无论谁犯了错误，都必须坦然接受，勇敢面对！

【分析思考】

通过小L这件事，也让我有几点反思：

1. 生活中要善于观察，遇事要随机应变，不能死板地照本宣科

上述的案例中，小L因为身体不舒服，休息时间在走廊游荡，而遭到了我严厉的批评，当事情进一步发展后才发现，原来是我自己错了，从而对小L进行道歉。这就提醒了我，作为一名教育者，必须要在生活中多多观察学生的各方面习惯，只有平时多观察、多了解学生，才能够更好地了解学生的思想动态情况，才会减少出现由于不了解而产生的一些不必要的麻烦，才能更好地和学生相处。

2. 不能一叶障目

虽然我们的学生都是问题学生，但我们也不能无视他们的进步，只看他们的短处。孩子的世界是丰富多彩的，他们这个年纪，成长速度非常快，我们不能老把孩子停留在昨日的时间里，只会让他对我们越来越排斥，当然对待特殊学生，他们更需要我们的呵护和关怀，因为那样才能够让他们更好地认可我们，更快地融入班级，才会利于我们对班级的管理。千万不能用有色眼镜看待孩子，因为每一名问题学生心中都有着自己的梦想，都有着质朴和纯真。

3. 学会自我反思

"吾日三省吾身"，虽然我们不用做到圣人那种一日三省的状态，但是，当我们遇到意见或者处理完一件事的时候，我们应当学会自我反思，反思自己的言行是否得当，反思自己的态度是否良好，反思是不是这件事情用别的方法会更稳当。作为一名特殊的教育者，在生活和学习中需要不停地反思自己的言行举止，因为我们陪伴他们的时间最长，我们在某些层面上是他们学习的榜样，所以，我们有错了一定也需要坦荡真诚地认错道歉，只有这样，我们才能和孩子一起进步，一起变得更加优秀。

最后用艾斯奎斯的一段话做结尾，孩子都是在观望我们的行为，所以我们需要以身作则，而非空口白话。我们需要孩子诚实，友善，勤奋努力，那意味着我要先做学生眼中最诚实，友善，勤奋努力的人，而且必须长此以往，无怨无悔。如果你想要在特殊的学校里教育出诚实守信的孩子，就要有耐心，永远以身作则，身先士卒，那样优秀的品质才能在他们的性格与灵魂中扎根成长。

让学生沐浴在爱的阳光下健康成长

深圳市宝安第一外国语学校　汪小明

【主题】

高二下学期转学来的插班生小夕同学不合群，因为敏感与同桌大吵一架。不接受同学们的关心与照顾，和班集体格格不入。班级同学不抛弃不放弃，真诚地帮助她，让她感受到了集体的温暖；班主任老师通过走访调查，和小夕坦诚谈话，终于让小夕吐露心扉，心结逐渐被打开，坚冰逐渐被融化。集体的力量让小夕学会坚强、学会勇敢、学会感恩，成长成熟的小夕通过奋斗，最终如愿考上一所本科院校，高中毕业后用自己的实际行动回报老师和同学。

【案例描述】

小夕是我教过的一位2017届毕业生，从高中毕业到现在三年的时间了，她一直不间断地为我们曾经的班级做着这样一件善事——每当班上有同学过生日时，她都会在班级群里面发信息祝同学生日快乐。这是一件很细微的小事，但是小夕从毕业后一直坚持做了下来。不仅仅是过生日的同学感受到了班级的温暖，而且全班同学也被小夕的这种热爱班级、关心同学的精神所感染。班级的凝聚力从毕业时的难舍难分，一直延续到现在的相互祝福，彼此珍惜，可以说热心的小夕同学在其中扮演了重要的角色。

其实，曾经的小夕不是这样子的。她是在高二下学期才转到我班上来的，我还记得当时她那长长的刘海遮住了半边脸，很少言语，不爱笑，与班级对她的热烈欢迎形成鲜明对比的是，她对周围同学表现出的孤傲和冷漠。在新的班级上课没过几天，她就找到我，要求更换座位，原因是同桌侵犯了她的隐私。事后，我调查了解到，原来她有写日记的习惯，那一天她同桌一转头，不小心目光落在了她的日记本上，恰巧被她发现了，于是她非常生气，冲着同桌大吼大吵起来。她同桌是一名性格很好的男生，尴尬地不住地给她解释，向她赔礼道歉，她的怒气才稍微消退，但是她最终却坚持要求更换座位。为了避免矛盾进一步激化，我把她的同桌调开，在她边上放了一张空桌子，这样才算平息了"侵权"事件。

【方法策略】

敏感，心事重重，与班级同学很难沟通相处，内心处于极度自我保护状态，不愿意打开心扉，这是最初小夕留给我们班的印象。也正是从那次"侵权"事件开始，我觉得这个小女孩不简单，在她那敏感的自尊心背后一定有着复杂的成因，我决定帮助小夕。

首先，我想到的是作为班主任，我应该第一时间去了解一下她的具体情况，包括她之前的学习生活情况和家庭的情况。不过，我给她家里打电话却总是无人接听，无奈之下，只能通过和她亲自交谈来了解她的情况了。很遗憾，第一次打交道我就碰壁了。我还清晰地记得，那天下午放学我把她叫到办公室和她座谈，她仍然是长长的刘海遮住半边脸，露出的那另一只眼睛不信任地望着我。我微笑着问她："到新的班级还适应吧？"她冷冷地抛出一个词："不适应。"这个答案在我的预料之中，所以我并不惊讶，继续微笑着问道："什么地方不适应呢？""不知道！"很干脆的一个回答。我继续和颜悦色地问道："那你觉得我们接下来什么地方可以做得更好一些，能够让你适应呢？"她把头扭向一边："不用！"很显然她对我还是不信任的，这样的谈话是没有办法了解到真实情况的。于是，我停顿了一会儿很真诚地说道："小夕，看得出你有心事，这个心事就像一块石头一样压在心上让自己很难受，能不能对老师说出来，老师也好帮你分担。"她用手捋了捋前面的头发，露出两只眼睛在我身上打量了一番，又垂下了头，不言语了。被我说到心坎上了。我又继续说道："其实，你可以把老师当成朋友的，就像是知心朋友一样，我们可以坦诚地进行心与心的交流，什么话都可以谈的。"她还是低着头一言不发，过了许久才摇一摇头，淡淡地说："老师，还有没有其他事情，如果没有了，我要去吃晚饭了。"这种没有礼貌的话让我顿时有一种挫败感，心里很堵，也很生气，不过很快我就平静下来了。因为我明白了她的意思，看来她确实是有心事，并且是很重的心事，只不过是现在条件还没有成熟，在未建立起互信之前，她是不会向我吐露半点信息的。这就是我们的第一次正面接触。

接着，我想到的是通过同学之间的相互关心，互相帮助来让小夕忘掉过去的痛苦，尽快地融入到新的集体生活中。我找到班干部、宿舍长和几名性格开朗的女同学一起商谈了这件事情，并且告诉他们要在生活中多多关照小夕，尽可能地保护小夕的自尊心，大家都非常积极地表示愿意去帮助小夕，希望能够为小夕营造一个温馨、愉快的学习生活环境。不过事与愿违，很快宿舍长小敏就到我这里来反映情况了。小敏十分委屈地告诉我，说宿舍里的同学都非常关心小夕，主动地和她打招呼，可是她从来不回礼，总是把头扭向别处，谁也不爱搭理，总是默默地一个人做着自己的事情，让舍友们感到很尴尬。班长也反映她对班级的活动都不感兴趣，对周围同学的关心置之不理，好像同学们都做错了什么事情似的，大家都比较气馁，有些灰心。这时的我已经开始意识到，要想真正地帮助小夕打开心结，走出困境，不是一天两天的事情，要做好长远而又持久的准备。我鼓励他们说道："帮助同学一起健康快乐成长是一件非常好的事情，特别是帮助那些有着巨大困难和压力的同学，我们需要更多的是耐心和坚持，大家不要放弃，不要急，慢慢来，相信我们真诚的关爱可以将她感动。"同学们听了之后都表示赞同。在接下来的日子里，同学们都无私地、不计回报地给予了小夕最大的帮助和关心，小夕也逐渐地适应了班级的学习生活环境，不再对班级同学伸出的援助之手视而不见了。不过她的心结依然未曾打开，她还是将自己的内心封闭，不让老师和同学走近。我看得出来，她是心里害怕再一次受到伤害。我在耐心地等待时机，相信总有一天她会相信班级、相信同学、相信我的，她会主动地告诉我一切的。

时间过得很快，转眼就到了高三。那天我在逐一检查班上同学们的高考报名表时，突然发现小夕的报名表上关于父亲的那一栏信息是空白的。我把她叫到办公室了解情况，这时的她已经习惯于将头发扎好，不再用长长的刘海遮住半边脸了，不过，她依然选择的是低头沉默。隐隐约约我预感到问题的症结就出在这里了，猜想大概是因为家庭的原因造成小夕现在的性格。我很认真地告诉她："高考报名工作是一项非常严肃的工作，在报名表上的信息必须客观属实，不可以弄虚作假或者隐瞒什么的，所有的高三考生都必须本着对自己高度负责和对家人高度负责的态度来认真对待报名工作。"这次她抬头看着我了，我发现她那委屈的双眼盈满了泪水，终于她忍不住"哇"的一声哭出来了。我递上面巾纸，轻轻地拍了拍她的肩膀，安慰道："哭吧，痛快地哭出来吧，哭出来了心里就好受一些了。"后来，在她断断续续的抽泣声中，我了解到许多关于她家庭的事情。原来小夕的父亲和母亲感情不和，经常吵架。母亲的身体又不好，从小她和母亲生活在一起相依为命，相互照顾。在母亲的"教育"下，她也不再相信他人，对"无情无义"的父亲更是有着深深的怨恨，从小就不承认有父亲。所以，在所有的个人信息表上父亲那一栏一直都是留空白的。看来，小夕偏激的性格与从小接受的家庭"教育"有很大的关系。我先向她核实了两个猜测，一个是家里的联系电话是空号，目的是不想让老师打扰到她妈妈；另一个是每周日晚上请假在家补习是谎言，真正的目的是要在家照顾妈妈。她听后惊讶地张大嘴巴望着我，过了好一会儿才回过神来，"对不起，老师"，说完她又痛哭起来了，这一次是流下了后悔的眼泪。

那一天我们聊了很久，也聊了很多，她已经对我是完全的信任了，把我当成了知心朋友。小夕告诉我她母亲现在已经是癌症晚期了，从她小时候记事起，母亲就受到了很多委屈，遭受到病痛的折磨。自己很心疼母亲，很想帮母亲治好病，可是医生都说很难治好，于是她才中途转到我们化学班，目的就是为了能报考医科大学去学医，将来替母亲治好病。

我被小夕那执着的精神深深地感动了，我的精神也接受了一次洗礼。小夕其实是一位外表看起来很冷漠，但内心却是充满了爱，充满了力量的同学，之所以性格会比较的偏激，那与她从小偏激的成长环境是不可分割的。我对她的那份执着和爱心进行了肯定和表扬，同时也告诉她："父母亲的恩恩怨怨不应该延续到你们这一辈人的身上，即便是你很同情你母亲的遭遇。你应该换位思考一下，你父母亲现在更愿意看到的是你在学校里发奋读书，开心生活，健康成长的身影。人的一生不可能是一帆风顺的，每个人在成长的道路上都会遇到苦难，苦难是人生的一笔宝贵财富，它能让一个人学会坚强、学会勇敢、学会拼搏。因此，虽然你不幸的遭遇让人同情，但是你应该正视它，怀着感恩的心去面对它，也正因为有了苦难的过去，你更应该百倍地珍惜现在的幸福生活。你看在班上，有这么多热心友好的同学在关心你，真诚地帮助你，他们都在支持你为你加油呢。在备战高考的道路上，你并不是一个人在战斗，还有我们全班的兄弟姐妹与你并肩同行！"最后，谈完话了，小夕站起身，深深地向我鞠了一躬，对我说道："谢谢老师，也谢谢全班同学，我不会让大家失望的！"

之后的小夕像是变了一个人似的，学习更加的勤奋刻苦，对待老师和同学也非常的热情和有礼貌了，特别是在班级的公益性活动方面更是表现出了极大的热情和主动。也正是由于她的转变，我们全班同学包括我在内，精神上都接受了一次洗礼，那就是爱的洗礼！我们班的兄弟姐妹用实际行动和亲身经历诠释了爱的含义——在他人最需要帮助的时候，不抛弃、不放弃，以德报怨，用真诚感化对方。

在2017年高考前两个月，小夕的母亲因病不幸离世，小夕很平静地告诉了我这件事情，然后请假回家处理后事。这次小夕真正地长大了，没有再让我担心。三天后的她带着从容和坚定，又重新返回课堂投入到紧张的备考中来了，只是红肿的双眼告诉我，她很爱很爱她的母亲。小夕的成绩进步很快，在一模时的分数还是刚过三B线，到了二模时分数就已经过了三A线了，这也为她考本科增添了更大的信心。功夫不负有心人，凭着她顽强的拼搏努力，最终在2017年的高校招生录取中，她考上了一所二B本科院校，圆梦高考。

【分析思考】

回想起小夕在我们班上成长的点滴，有过太多次的碰壁，有过太多次的挫折，但是大家都没有放弃，最终都坚持了下来。同学们的关心关爱，班主任老师的及时干预指导，班级的温暖和力量，这些因素共同作用帮助小夕走出了人生最低落的时期，帮助她成长成熟。

相遇是缘分，在一个温暖的班集体中，为了心中那份共同的爱，同学们彼此珍惜、互相关心、携手成长。

用教育的智慧点亮生命

深圳市第二高级中学　王世凤

【主题】

陶行知先生说："当心你的教鞭下有瓦特，你的冷眼里有牛顿，你的讥笑中有爱迪生。"教学生涯中难免遇到各种各样令人"头疼"的学生，有时会让我们无奈甚至无力，然而没有一个孩子的未来是我们能够意料的，教育本身也并不是一蹴而就的。作为班主任，我们需要有足够的耐心，面对学生呈现出来的各种问题，静下心来，仔细思考，着眼未来，运用智慧，园圃之中各异的花朵，终有一天会开出不一样的精彩。

【案例描述】

小李是一个活泼好动的孩子，初见便给我留下玩世不恭的印象，他像一匹狂躁的野马，活力充沛又难受拘束。军训的第一天，他姗姗来迟，看着我带着全班同学等他一个，没有表示歉意，一副气定神闲、若无其事的样子。我询问他迟到的原因，他只是嘻嘻一笑，随即丢给我一颗"定时炸弹"式的话："老师，初中时我就军训过，那时我看不惯教官，和他打了一架。我不知道这次能不能顺利完成军训，我尽量。"我的心咯噔一下，我遇上难啃的"骨头"了，看来烦心的事情少不了了。为此，军训期间我时时提醒自己，密切关注他的动向，努力把意外状况扼杀在萌芽状态。只是没想到，我的担心全部都落空，他不仅没有和教官发生冲突，反而得到了教官的表扬，成为连队训练的榜样；更令人意外的是，他与班级同学打成一片，大有成为班级的核心架势。看来是我多心了，果然单纯地通过第一印象来判断学生是不靠谱的，说不定他还是一块"好材料"，我提着的心终于放了下来。

军训结束之后，班级开展班干部竞选活动。小李申请担任班长，因为在军训过程中攒下的人气，他顺利地以高票当选。上任那天，我准备敲打敲打他，提醒他高票当选是同学们对他的信任，对信任最好的回报就是把工作做好。他听完拍着胸脯向我保证，让我放心，说班级管理这种事难不倒他。我看着他信心满满的样子，心里颇为庆幸：看来这一届有他做班长应该可以少操点心了。开始的一两周，我并没有完全放手让他管理班级，毕竟"新手上路"，"带着走"比"放手干"更靠谱一些。在我的密切关注中，他和其他同学一样，都在努力适应新班级的生活，班级的一切都在有条不紊进行。看来一切已慢慢走上正轨，我放下心来。

然而，不久之后，一张纸条打破了宁静。

"老师，现在班上的自习纪律太差了，我都完全没办法学习。"这是怎么回事？我满心的疑惑，立即找来班级学生了解情况，原来班级的自习课有学生大声说笑，而小李作为班长不仅没管，反而参与其中。我非常生气，想着把他喊来训斥一顿，但冷静下来一想，或许另有隐情，我还是先把情况了解清楚再说。于是我找课代表、任课老师了解班级情况，这不了解还好，一了解让我大吃一惊：迟到、上课聊天、不交作业，居然样样都有小李的名字！这还是一个班长吗？太令我意外了。

一个周五的下午我把他喊到办公室，晓之以情动之以理，和他说明当前问题的严重性。原本以为他会低头认错，虚心接受批评并认真改正。可事实是，他认为我说的问题根本都不是问题，迟到、上课聊天、不交作业他初中的时候就这样，最多对个人会产生一些影响，对班级不会有什么影响，更不会影响到他班长的威信。看来，他已经陷入了明显的认识误区。为了让他认识到自己的问题，并有所改正。我在得到他同意的情况之下，对全班班干部进行了一次不记名民主测评。"班长，不满意，80%。"当我把这个结果放在他面前的时候，他低下了头，并向我提出了辞职。

我想，让他静一静也好，便同意了他的辞职。卸任班长之后，他的变化很大，在班级不再活跃，像个透明人！要是这样下去，势必会影响到他的学习和生活。如何让他振作精神，重拾信心呢？正当我犯愁的时候，机会来了——他参加机器人大赛拿下了大奖。借着获奖的时机，我让他在班级与大家分享心得体会。"做事要细心，团队很重要，想获得荣誉就要拼"，他的分享很真诚，全体同学报以热烈的掌声，我也借此高度地表扬了他。分享结束之后，问他能不能做好班长。他思考了一会儿，坚定地回答："能。"他第二次接受了班长职务，这一次，无论是从言行还是学习，他都有了较大的改变。那一个学期的学期末，他被班级推举为优秀班干部，班级也在学校评比中获得了"诚信自律班级"的荣誉称号。

【方法策略】

小李同学的转变不是短时间的，从他问题的暴露到最后的正向变化，前后经历了一个学期。一个学期之中，与小李的沟通和交流都不曾间断过，而相关的德育策略，归结而言，有以下几点：

阻断平衡。费斯汀格的认知失调理论认为：人们的态度与行为是一致的，在态度与行为产生不一致的时候，常常会引起个体的心理紧张，导致认知失调。而人只有在产生认知失调的情况之下，才会有自我修正的可能。小李在担任班长的过程中，暴露出诸多问题，但与他交流时，他却不以为然。这有可能是"自尊"低的表现。而"迟到、上课聊天、不交作业，他初中的时候就这样，最多对个人会产生一些影响，对班级不会有什么影响，更不会影响到他班长的威信"这一认识，则是对自我问题的平衡理由。所以，我要做的首先是让他认识到错误，阻断他的自我平衡，让他产生认知的失调。班级任课老师对他的课堂评价，班级作业记录情况，班干部民主测评情况，这些材料不可辩驳地告诉他：他当前的做法真的有很大的问题。当他感知到自己的错误，改正错误取得进步就迎来了契机。

建立自尊。低自尊与低自我评价的人与犯错误之间还相对协调，不会引起更多的心灵痛苦。帮他找回属于他的自尊心，提高其自我认知，才能更好地帮助他成长。机器人比赛获奖是一个非常重要的契机。比赛获奖充分地证明了他的价值，将他个人价值公开化，这是对他最大的鼓励。所以，我安排他在班会课上分享自己的比赛感悟。事实证明，这不仅让他进行了一次有效的自我反思，他分享的"做事要细心，团队很重要，想获得荣誉就要拼"也对班级进行了一次集体教育。小李最后在同学们的掌声中收获了自尊，同学们也在小李的分享中领会到了榜样的力量。

要求承诺、重塑信心。在学生的成长过程中，犯错并不可怕，可怕的是没有改正错误的机会。当学生在认识到自我错误并做出有效改善的时候，老师应该为他再创机会，在再一次的检验当中，学生才能收获实质性的成长。在小李分享完之后，同学们的认可让他重拾了自信，此时再次给他提出担任班长的要求，这不仅是给他证明自己的机会，也是让他感受到大家对他的认可和期望，在促使自我认知平衡的力量之下，带来行为的改变。当然，只是单纯地给出机会还是不足够的，要让他珍惜这次机会，还需要得到他的承诺。"想让他做到，先让他说到"，"公开的承诺对个人的行为更具有约束力"，当着全班同学的面许下承诺，这是他后来改变的重要环节。

【分析思考】

小李的改变有两个重要因素是值得思考的：第一是周期长，第二是契机。因为周期长，所以我们要有打持久战的准备。一个学生的改变绝不是一两次谈话，一两次鼓励能解决的。而青春期的孩子情感剧烈而不稳定，行为存在较大的可塑性，教师的干预显得重要且必要。但是如果一开始意气风发，遇到阻碍就气馁，甚至放弃，这样的做法是很难取得成效的。在解决学生问题的时候，教师需要有静待花开的智慧。契机是学生取得转变的关键。作为教师，值得注意的是，有契机我们要抓住契机，没有契机我们要努力创造契机。抓住契机，需要教师有足够的细心，能够保持职业的敏感度，否则即使契机产生在眼前，我们要么视而不见，要么眼睁睁看它溜走。创造契机，需要教师具备活动意识，因为大多数的教育契机并不出现在常规的学习中，而是出现在活动中。在丰富多彩的班级建设活动中，学生才能够有机会走到舞台上，将自己呈现在聚光灯下，而此时，正是引导和教育的好时机。总之，学生的问题千差万别，教育的办法也各有不同，作为德育工作者，我们不仅要用心，更要用智慧！

管理班级三两事，尽显班主任一寸心

江西省临川第二中学　徐选文

【主题】

　　班主任是家庭与学校沟通的桥梁，是老师与学生交流的中介。管理好一个班级则是一个班主任的基本事务，却又是最重要的任务。在教育界常常打趣着说："班主任是最小的主任。"即使官阶最小，但班主任的功劳可大得很。他是学校维稳的核心，是班级和睦的催化剂。没有小小的班主任管理，学校不可能成为学校，班级不可能成为班级。管理好一个班级应该是每个班主任的终极追求。正如拿破仑所说："不想当将军的士兵不是好士兵。"可是，作为一个班主任，管理好班级也是一门艺术，而不仅仅是一门技术。

【案例描述】

　　笔者所带的班是高中理科班，进入高二时学校文理分科不久，各班学生都"重新洗牌"。原班级中选择读文科的同学去了其他的班级，其他班读理科的同学部分来到了本班。新血液的加入意味着新生机，新活力，新发展，但也面临着新的挑战，新的问题。如何让新进的同学快速融入本班的管理就是头等大事。毕竟他们不清楚本班的规章制度，不了解本班的班级文化，不知道本人作为班主任的行事风格。

　　犹记开学伊始，任课老师向我反映本班班级气氛异常活跃，上课时同学们无端交头接耳，随便接嘴起哄；课间他们则是三三两两追打吵闹，疯癫痴狂。我细心观察同学反应，确实没有冤枉他们，他们毫无组织纪律感：迟到成风，早读安静，自习却异常不安等。这已经不是小事了，它已经干扰了正常的教学秩序了。

针对以上情况，我着手一些管理新手段，制定一些益于纠正不良班风的规定，对同学们进行春风化雨地教育，让他们知道"无规矩无以成方圆"的道理，两周过后，班级呈现全新的面貌，同学们上课聚精会神，老师们上课也舒心安适。

【方法策略】

作为一个班主任，总面临学校、家庭、学生对我们的评价。好与不好也将影响班主任带班的成就感，把一个班级带好凸显出管理班主任的管理才能。现在就从以下几个方面来谈谈本人几点的做法：

1. 组建一支信得过的班干部队伍

本届进入高二分文理科，各班都面临学生"重新洗牌"的局面。了解各位同学的底细成为成立班干部的前提。对于"进口的舶来品"，谁是"白猫黑猫"，谁有"几斤几两"真不知道。于是我私下从其原班主任处打听这些学生的优缺点，特别是一些"特殊学生"（包括优点也特别突出的学生）要做好记录。比如哪些同学是"好事者"，哪些同学又是绝对的"卧夫"。这些同学会是我以后多多关注的对象，而那些优点突出的同学则可以成为班干部的候选人。

我将我班的班干部称之为"班主任的左膀右臂"，可见他们在平常工作的重要性。所以我们即使不是孙悟空，却也能有"千里眼，顺风耳"，因为班干部就是你忠实的"耳目"。我们哪怕不是武林高手，却也能独霸一"室"，因为班干部就是你的"左右护法"。

组建的班干部不能仅仅作为一种形式存在，更不能成为他们"狐假虎威"的资本。对于班干部，我有以下几点要求：（1）班干部在个人品德修养、知识、能力上有独领风骚的一面，比如我班上劳动委员在知识积累上单薄些，可他的实干能力却是班上的佼佼者，同学看在眼里，赞在心里。（2）班干部要有一些特有的品质。比如心胸宽广，敢作敢为等。班干部说得好听是"干部"，实际则是同学眼中的"叛徒"。由于被班主任"收买"，不与同学站在同一战线上，而被同学抛弃，所以他们在处理班级工作时难免与同学发生口角摩擦，甚至"动手动脚"，这需要他们有一颗强大的"心脏"，需要他们有"退一步海阔天空"的胸襟，需要他们有"锲而不舍，金石可镂"的毅力，更需有能继续为班级工作的"蹈锋饮血"的勇气。（3）每天的值日班干部必须汇报当天情况。及时准确地了解学生的动向是我的日常之事，平心而论，作为一个普通班，我觉得学生的首要任务是安全地上下课，快乐地生活着，然后才是对精神文化的追求。

2. 时刻准备着与家长联系沟通

你不能期望普通班的每个学生能准时上学，你不能奢望每位学生不带手机进教室，你更不能强求他们中的任何一个不向你撒谎请假看病。既然我不能阻止这些事情的发生，那就允许自己做点事吧。到移动公司充好我的手机费用，向天南海北的家长开"电话会议"吧，特别当某个同学在没向我打任何招呼的情况下，且他的迟到行为已经触碰到我的等待底线，那么此时即便是上课时间，我也得冒着被"老板"误会我上课接听电话的危险与家长联系沟通，让他了解小孩还未到校的事实。实际上，他也应该有权在第一时间知道他小孩的学习生活动向。否则，真发生点芝麻绿豆大的事会让你后悔莫及的。这可能是我以"小人之心"揣测家长的"君子之腹"，但出于某种原因，就让我一如既往地做"小人"吧！保护自己也好，对学生负责也罢，留着给闲人去评说吧！

3. "勤"出自我，予生楷模

有人这样评价班主任工作，只要"两眼一睁"，就得"忙到熄灯"。这话一点不假，想必大家都感同身受。所以班主任工作必然要与"勤"相关，从一定意义上说，班主任的"勤"是"非人"的。毫不夸张地比喻，班主任就像是地球，而学生则是太阳，当你一天二十四小时围绕着他转都不嫌累。可见班主任的"勤"已然是一种境界，也是天下之人有目共睹的。在办公室，我们随处可听见"有事没事，去班里转悠转悠""闲着空着，去班上偷窥偷窥""上课下课，去班上念叨念叨"等话。"勤着与他们面试""勤着找他们话聊"，勤到如此，学生自然能随时随地地感受到你的"辐射"，而我凭着这"口勤、手勤、脚勤"也颇有点得意，班上纪律有所改善了，连个别老班主任都当面这样夸赞我；学生似乎更自觉了，居然任课老师也这样评价。但我知道，作为班主任，"勤"无止境，"勤"是天职。

4. 当众树立典型，宽容"特殊"学生的无心之失

在德育课上，我总是毫不吝啬要夸奖一批学生。这当中自然有成绩优秀者，但对于那些近期在品德上乐于助人或思想上令人刮目相看的同学则更要大赞特赞。因为这些"变化"的典型学生能让更多的学生见贤思齐。他们最初的起点相同，曾经站在同一起跑线上，彼此各方面的能力和觉悟都不相上下，而这些进步者让原地踏步者看到了距离，看到了改变的榜样。其实改变自己并不是件难事，当一个好学生也不是难事，关键是"事在人为"。受到"典型"的影响，有部分同学上课安静了，有部分同学劳动更积极了，还有部分同学即使在听我训话时也不再狡辩了。所以当我看到这些同学的确在进步时，我有时都不敢相信。当这些"特殊"的同学迟到、闲聊等偶尔令我不快时，一方面一如既往地对他进行"人生洗脑"之外，一方面还得原谅他们的无心之失。这又算是一种大的进步了。

【分析思考】

管理班级尽显一个班主任的智慧。常常看到有些班主任总是抱怨班级管理工作难做，还有时看到班主任在管理班级时与学生发生不快，轻则师生吵架，重则师生动手干架。我常常想是什么令本来应该和睦的师生走上仇敌之路，是班主任的班级管理不得法呢？还是学生确实不服我们管理？如果是后者，我们就更应该想想该用什么更好的方法去管理好班级呢。

管理班级其实不应该过于简单粗暴，用条条框框死死地"管"住学生，毕竟学生是活生生的个体，是有情感的人。我们除了有所谓的规章制度之外，还应该有更多的人文情怀。用自己的心换学生的心，站在学生的角度多替学生想想，那么班级管理也就水到渠成了。

用爱和耐心纠正学生课堂上的一些不良行为

江西省广昌县第一中学　邓桃芳

【主题】

作为一名班主任，必须正视学生在课堂中的不良行为或表现，而不是听之任之，否则小问题会引发大问题。时代呼唤爱与理解。我们自己在呼唤爱和理解的同时，也不能忽略了对学生的爱与理解，甚至可以说，对学生的爱与理解更为重要，因为其心智尚未完全成熟，承受能力没有想象的那么强，而充满着可塑性。实际上，一个充满了爱心，能用爱心去容纳，能以容纳之心去理解学生的一言一行的人，必定能很好地胜任班主任这个职位。

【案例描述】

慢性子、胆小、不合群、上课起哄……这些属于学生性格上的问题，在班级管理中，我们常常会遇到，也常常会因这些问题而让人烦恼不已。如何纠正学生的这些不良行为，就成了一项摆在每一个班主任面前不可忽视的问题。

我尝试着用爱心和耐心去理解他们，用爱心与耐心去纠正他们课堂上的一些不良行为，我发现慢性子的同学可以变得正常，胆小的同学也可以变得正常，不合群的同学可以变得合群，上课起哄的同学变得上课积极发言……但这需要一个过程，不是一朝一夕所能完成。

【方法策略】

对待不同的慢性子、胆小、不合群、上课捣乱等"不良"行为，我们要用不同的方法，切忌一刀切。

1. 对待慢性子和小磨蹭，要学会耐心地接纳

作为班主任，我们往往因为自己与学生年龄上的较大差距，会要求他们向我们看齐，比如性格、爱好、意志品质等等，而很容易地忽视了其个性，尽管这个时候还远未"成熟"，但这时他们的性格有可能与我们完全不同。我们不仅仅是发现和解读中学生，还需要站在一定的高度，拥有比较宽的视野，去容纳所有和你个性不一样的人。因而对待慢性子的学生，应当有足够的耐心去容纳他们的行为，只有首先不抱成见，不抱偏见，那么才能更好地去发现其优点。

发现慢性子的优势所在：他可能做事更仔细一些，考虑得更周到一些等等。要首先表扬学生的优点，再提出你的期望，比如："你做事真认真，只是如果再能快一点点就更好了。"这样，学生会比较容易接受。

2. 对待"胆小鬼"，不断强化自信心

有的学生的独立性比较强，但是比较胆小。有一次做游戏的时候，让一个胆子较小的学生到讲台前进行演讲。她其实都会，但就是不敢去。别的小伙伴们不会她还在下边着急。在集体活动之时，她也不敢上前，而是在一边观看。对这种情况，我们要看到其不足所在，不存厌烦心理，而应当积极引导。

首先我们要给学生多创造一些机会。多使其参加一些集体项目，对其做出的"成绩"给予充分的肯定，及时的表扬。

其次，爱会让她建立起安全感，让她获得足够的心理能量，也会让她拥有自信。不要总是很严厉地责备学生：你怎么这么胆小呀，连这都不敢去，你看看人家！这样，学生就会觉得自己真的很胆小，以后就更不敢做事情了。

现代社会，学生的身体空间和心灵空间太小了。一个不常和人群在一起的心灵是会感到恐惧和寒冷的，长久以往，也会对其产生不良的影响，而这种影响将是长久的。

3. 对待脾气特别大的学生：理解正常的情绪发泄

有的学生脾气特别大，往往课堂上一言不合就会发脾气。

我们平常这样的思想：学生是不应该发脾气的。实际上，和成人一样，当学生遇到某件让他很愤怒的事时，他需要有一条宣泄情绪的通道。而且，社会心理学告诉我们，信息越少，人就越容易焦虑。相对于我们，学生的信息要少得多。尤其是在十六七岁的年纪，做事往往不考虑后果，社会经验还很缺乏的情况下，他的负面情绪往往找不到出路。所以，从这个角度讲，他发脾气也是正常的。

当学生发脾气的时候，我们的反应特别重要。我们不需要在这个时候教他某件事你应该做到什么程度，或者应不应该做，因为此时他的思维是关闭的。这时候学生只需要你陪他一起难过，或者给他冷静的时间让他自己调整。另外，有时候学生可能会有点耍赖。如果是这种情形，我们可以说出一些严厉的话。比如，"不行，这事没得商量！""这件事情我已经说过很多次了，不想再重复了。"这样严肃的语调，会让学生认识到事情的严重性，这是对学生最大的威慑。不过，我们要尽量平静，不要情绪特别激烈。不要让学生有天塌地陷的感觉。

4. 对待"小淘气"，我们需要容纳

有的学生在上课的时候，听见别人发出怪声，往往会起哄，甚至哈哈大笑。尽管平常的时候告诉他们"这不对"，但是却没有多少的效果。

实际上"不对"是从我们的视角上来说的，包括我们通常用在学生身上的其他一些词，叛逆、幼稚，都是用我们的标准去衡量的。我们不能从成人的眼光来看待这件事情，一个人的角色决定了他的信念和行为方式。别人发出怪声，他笑一下是很正常的，不笑反而有可能是被压抑了，而且学生心性好动也属正常。是故，我们需要用爱的眼光去看待，犹如其父母用爱的眼光"欣赏"着学生的一言一行。

【分析思考】

学生课堂上的"不良"行为或有千万种，应对的方法也多种多样，但是都离不开爱和耐心以及理解。

一个优秀的班主任，不仅要有良好的班级管理能力，良好的教学业务技能，而且还要有爱和耐心。只有心存爱和耐心，才会去真正纠正学生的不良行为，也只有如此，才会全身心投入到教学管理、教学育人当中去。

有一种教育叫唤醒

江西省广昌县第一中学　邓桃芳

【主题】

有一种教育叫唤醒，教育艺术的重要规律就是要以人格唤醒人格，以高尚唤醒高尚。教育者要以自己高尚的人格大声唤醒学生内心"良知的声音"，教育者要让学生在学校能守住心灵的安宁、人性的美丽，从而奠定做人的根基，因而，唤醒学生的"向上"之志，唤醒学生的"向善"之心，就显得非常重要。

【案例描述】

学生步入高中，陡然感觉压力山大，于是，各种情况开始出现，有奋勇争先者，有越战越勇者，但更有一蹶不振者，有自暴自弃者……因而精神萎靡不振，常表现为上课睡觉，沉迷于手机虚拟的空间里而不能自拔，久而久之，各种问题随之产生。

面对着这种"学习之心堪忧，向上之心难有，向善之心鲜有"的学生，要怎么办呢？

作为教育者，作为班主任，我们不能轻易放弃任何一个学生，我们必须思索去如何解决这些问题。我们面对的是沉甸甸的生命和灵魂，它需要教育者掌握一种神奇的力量，唤醒自己，也唤醒他们接触的人；教育也绝非单纯的文化传递，教育之为教育，正是在于它是一种人格心灵的唤醒。

我们要如何唤醒"学习之心堪忧，向上之心难有，向善之心鲜有"的学生？我们教育者要施加深沉的师爱，再加以各种教育唤醒的手段和方法——信任和宽容、惊叹和鼓励、期待和发现、启发和引导，教育才会变得灵巧而有效，从而产生"神奇的力量"，深思熟虑地、小心翼翼地去触及幼小的心灵。

经过了长时间的努力，我们会发现，他们的精神面貌会有全新的变化！

【方法策略】

那么唤醒教育，要唤醒什么？就是唤醒人生命中的灵性和欲求。那如何才能"唤醒"学生的这种特质？如何在日常教学中，唤醒学生向善之心呢？又如何来唤醒学生向上之志呢？

作为教育者，我们要有深沉的师爱，要有一颗灵动的心。

（一）教育归根到底是灵魂的重塑，教育者要唤醒学生向善的心灵

1. 知善意——唤醒学生向善之理念

我借班会课，开展"自强不息的奋斗精神""厚德载物包容精神"等主题班会活动，把和谐向善的种子植于学生心中。既要让学生学会自立自强，又要学会与人合作共生；既有"天下兴亡，匹夫有责"的责任感，又有"孝悌爱众"之善心；既有"和而不同"的君子之风，又具"先人后己""追求真理"的浩然正气；既能修养品行、立志自强，又能诚信笃实、知行合一。

2. 明善理——唤醒学生向善之品质

培养学生良好的行为习惯，对于每位教师都是考验，我精心制定了"弯弯腰""轻语慢步"活动，教育学生遇到老师弯弯腰，走廊轻语慢步走，从日常行为上引导学生改善，从善。我经常以"感恩"为主题，开展系列活动，结合母亲节、父亲节、教师节、重阳节等活动，培养学生对父母，对师长的感恩之情，既点化了学生的行为思想，也点燃了学生的成功人生。人人自律，同心向善。

3. 学善样——唤醒学生向善的行为

"同伴互助，养成文明"是文明养成教育的一项重要手段。在学生中，开展"向身边榜样学习""互帮互助"的活动，让学生从他人身上发现善的美，学习他们的善行，激发自己的进取心。依托学校"莲文化"，开设每周特色早读课活动，学生通过搜集名人故事、演讲等形式，学习先贤人物的优秀品质，

唤醒了学生向榜样学习的意识。

教育者要有一颗灵动的心，不时地去感受，去贴近学生；教育者要有一双锐利的眼睛，去观察，去发现他们的闪光之处。再加上赏识教育，再说一句关爱的话，再给一个鼓励的眼神，再多一次信任的微笑，这样就能唤醒学生沉睡已久的意识和潜能，就能使学生天性中最优美、最灵性的东西发挥出来。要知道学生的灵性和欲求，总是发生在不经意之时，如果我们不善于发现这种灵性和欲求，就失去了唤醒的有利时机。

（二）教育者要唤醒学生向上之志

唤醒不同基础的孩子"向上"成长，是我们作为教育者的使命。

1. 素质教育——唤醒学生向上之情操

我定期开展以"社会主义核心价值观""中国梦"等为主题的活动，收看"开学第一课"，开展"爱家乡、爱祖国"等主题班会，围绕感恩主题，积极营造感恩文化……这些活动的开展，都是紧紧围绕着素质教育的主旋律，唤醒了学生"不忘初心跟党走，争做中国好少年"的高尚情操。

2. 安全教育——唤醒学生向上之责任

安全工作必须常抓不懈，结合学校实际，开学的第一周设为"安全教育周"，教育学生注意交通、饮食、消防等方面的安全。配合好学校开展一次模拟防火、防震、防踩踏、防溺水等安全演练，强化了学生的安全技能。采用家校携手共育，构成全方位、全时段的安全管理体系，唤醒了学生保护自身生命安全责任意识。

3. "培优"战略——唤醒学生向上之活力

我在教育教学工作中，引导"优生"树立志向，帮助"优生"认识自己，激励"优生"超越自我，训练"优生"受挫心理，培养"优生"创造能力。帮助优秀学生进一步夯实基础，开拓视野，力求优生在高考中取得理想的成绩，考上心仪的大学。以优生带动后进生，给他们树立追求的榜样，有榜样才更有动力。

其实，每个人都有一种向上、向善的天性，并且都蕴藏着巨大的情感潜能和智慧潜能，但由于环境、条件等多种原因，这些上进心、积极性、创造性，这些情感和智慧潜能往往长期处于沉睡状态，教育的任务就是唤醒人们沉睡的主体意识。有时候，一句温暖的话语，一个鼓励的眼神，一个温馨的手势，一次信赖的微笑，都能唤醒学生沉睡已久的意识和潜能，能使学生天性中最优美、最灵动的东西发挥到极致。

【分析思考】

教育即唤醒，乃是教育的真意。一旦将教育与人的自我觉醒、唤醒、陶冶等联系起来，学生的自我觉醒就会得到足够的尊重，教育就不再是简单地受因果必然性规律制约的活动，而是成为解放受教育者内部成长力量的、使受教育者自由发展的过程。学生也会因为知识的陶冶、智慧的激发而心灵觉醒，生命意识觉醒，他们的生存也因知识光辉的观照而充实、和谐、美丽，个性得到自由而全面的发展，学生也就成为了我们社会真正所需要的"人"。

教育者眼里应该没有差生，朽木也是可以雕琢的！我们要相信每一个学生都有成功的愿望，相信每一个学生都有成功的潜能，相信每一个学生都能获得多方面的成功，要以我们最大的可能，去唤醒学生的"向上"之志，唤醒学生的"向善"之心。

抓住教育契机，守望生命成长

惠州中学　吴　莹

【主题】

德国哲学家雅斯贝尔斯在《什么是教育》一书中曾提到"教育是一棵树摇动另一棵树，一朵云推动另一朵云，一个灵魂唤醒另一个灵魂"。在教育过程中，学生个体的成长历程正如一棵树的生长与发展，在不同节点实现转化。这一过程中，如果善于捕捉教育契机，抓住机会来处理学生工作，往往能收到意想不到的效果。基于此，班主任要做园丁，抓住教育契机，顺势修剪学生"生命之树"，涵养学生"生命生长"，守望学生"生命成长"。

【案例描述】

在高一下学期选科分班之后，我接手了一个"政史地"组合的文科班，这个班级只有三十七位学生。人数这么少的原因是因为只有两个"政史地"组合的全文班。由于选科组合的影响，选择"政史地"组合的学生，大部分是因为其他科目学习困难，文科相对容易，因此整个年级段相对难"管教"的十几位学生基本都选了文科。

与班级学生们的最初相处，并不愉快。由于他们大多笼罩在"恨铁不成钢"的情绪之下，赏识、关爱与他们无缘，心理抵触，行为叛逆，违纪成了他们填补内心空虚，寻找关注的最好方法。课堂纪律混乱、宿舍串寝、恋爱问题及手机违规使用等种种问题，层出不穷。

针对违纪行为，我多次批评学生本人，并请家长到校沟通，按规定给予违纪处分，想以此约束学生行为，改进不良的习惯。同时也在班级再次强调规定问题，希望引以为戒。但事与愿违，学生回去之后总是在宿舍大声抱怨不满，表示"自认倒霉"，与同学多方陈述自己的"冤屈"，却难以理解处理结果，学生们与学校还是站在对立面。

面对此种情况，我忧心不已，经验的缺乏与处理方式的单一让我陷入困境。在与学校老师的沟通交流下，他们告诉我"教育契机"的重要性，抓住契机，走进学生的内心，顺势引导，才能够在尊重之下让学生欣然接受意见，改进行为。基于此，在新的违纪处理下，我开始了新的尝试。

小曹是我们班成绩好的学生，考试成绩始终稳定在班级前五名，但行为表现一般，贪玩、喜欢讲话、注意力不集中。由于受高一班级的影响，他存在一定的自卑心理，缺乏自信，加之父母严格的管控，他的学习态度始终一般，没有持续的动力，维持稳定之余一心只想"玩"。

在最新抓到他携带"手机模型机到校"上交的违纪行为之前，我已经处理过一次他"带手机不交卡，借同学手机来玩"的违纪行为。但时隔一个月，违纪依旧，我内心愤怒到极点，想要马上叫家长到校。冷静后，我想到这或许也是一个契机，可以了解小曹的内心想法。于是，这一次我先找了小曹，与他进行沟通。

面对板上钉钉的事实，小曹脸上全是紧张，手抖着拿出了自己私藏的手机，见我没有大声批评他，而是等他平复心情，询问情况，他不由红了双眼。慢慢地，他向我陈述自己的纠结：对学习没有动力，虽然成绩看上去还可以，但其实自己真的不喜欢学习；对家长既害怕又愧疚，内心很想得到家长的理解，同时上次的违纪事情，觉得对不起家长的付出，害怕回家；与同学相处，害怕别人的评价，高一与班级同学的格格不入已经是一个"阴影"，现在也一直害怕不合群……诸多压力之下，他没法找到排遣方式，有手机在就可以与外校的朋友交流，也可以看自己喜欢的组合，缓解自己的压力，而且也可以周末留宿时获得不需面对父母的自由与平衡。小曹声泪俱下的表达里，是夹杂着不安与纠结的复杂情绪，也是内心未曾言说的成长之痛，这些都是我原先没有想到的。除却对学习不积极、不自律外，平日里他总是笑嘻嘻，与同学打成一片，面对一些摩擦也能一笑而过。没想到这样一个外表嘻嘻哈哈的学生，内心有那么多的痛苦与纠结。这一刻，我开始感觉到我走进了学生心里。

　　由此，我一改过去批判的姿态，尝试在班级与学生们静心沟通，引导了解"惩罚不是教育是目的"，表示违纪行为的处理是为了规范行为表现。同时，鼓励理解家长的重视与默默付出，加强沟通，也强调要尝试以正确的方式去缓解压力，确立人生目标。在平等的交流互动中，问题的解决走向了平等与理解。最后，我告诉小曹与同学们"法与情同在"，但"规则仍旧是规则"，需要能有面对错误的勇气，也要有重新开始的决心。

　　第二天，小曹的家长主动与我电话联系，表示这是高中以来第一次，孩子愿意主动敞开心扉，表达内心想法，同时他们也是第一次发现原来孩子真的长大了，有了如此多的内心纠结。意识到自己过往教育方式的偏差，小曹家长也表示了诚挚的歉意，表示小曹这一次是从内心上主动承认了错误，理解了学校与班级的管理工作。后来的小曹，有意识地规范自己的行为，尽管还会犯错，但他愿意主动承认错误并予以改正。

　　堡垒的攻破似乎有了松动的可能。在小曹事情的影响下，班级学生出现了变化，他们开始觉得"被理解"是存在的可能，开始有学生主动来找我聊天，表达自己的想法。我意识到这也许是另外一个契机，可以拉近与班级学生的距离，凝聚力量。于是，我在班级先后召开了"你从没有失去'那些肩膀'"的主题班会，引导学生正面看待问题，激发动力，确立信心。在班会上，我以小曹事件为引子，告诉学生：学校、老师与父母的不同守护，无论是规则与要求，鼓励与批评，或许都只是守护的不同形式的呈现，根本在于"为成长保驾护航"。其中，我特别强调在成长之路上，"学校守护从不缺位，父母陪伴始终在，同学情谊未改变"，鼓励他们积极面对生活与学习，积极向上，寻找"生活中的守护"，同时理解校纪校规，自觉地遵守，做自己成长的"守护者"。

　　变化在悄悄地发生，所有的学生都在有意识地寻找自己身边的"守护"，渐渐地学生们发现自己在生活中都拥有着不同的关心与关爱，他们开始积极起来，激发起向上向善之心，自觉改变自己不良行为习惯，逐渐找到了自己的奋斗动力，拥有了新的生活样貌。

【方法策略】

　　"教师既要激发儿童的信心和自尊心，又要对学生心灵里滋长的一切不好的东西采取毫不妥协的态度。真正的教育者就要把这两方面结合起来。"中学阶段的学生难免出现不良的行为习惯，容易受到来自学校、家长的批评，也不可避免地存在逆反心理，强调自我意识。这就要求教育需要尊重学生的"内在需要"，关注每一个学生个体，理解各自不同的价值。在此前提下，可以修剪学生"长得不好的枝条"，也可以外力引导按"社会需要"的方向生长。

"抓住教育契机，守望生命成长。"善于撷拾教育契机，自然无痕地化解学生的内心矛盾，发掘、放大具体的教育智慧，引导他们转化、成长。本案例中抓住了教育学生的契机，在尊重学生的前提下，启发学生进行自我教育，促进其自我反省，同时把个案教育变成一次对全班学生进行引导教育的契机，让全体学生的思想品德得到一次净化，这样比单纯批评效果好得多。

"教师最大的幸福就是看到学生们在成长！"学生作为独特的生命个体，有着不同的个体差异，需以发展的眼光看待每一位学生，核心引领，用心教育，传递关爱，精心呵护，静待成长。只有以心才能换心，用爱才能收获爱。在本案例事件的处理过程中，我面对学生的不同问题，保持尊重，坚持关爱，才获得了学生心扉的打开，也得以拥有教育的良好契机。

【分析思考】

很多时候，教师"苦口婆心"，学生却"屡教不改"，效果不尽如人意。或许教育也讲求"天时、地利、人和"，要在一个适当的时机，抓住教育的机会，尊重为先，价值引领，往往会"事半功倍"。

在这件事情上，我从"站在批判高点"的教师角色中走了出来，开始走到学生群体中，了解学生的实际情况，换位思考，增进沟通。在了解到学生的纠结与矛盾后，理解并引导学生，也坚持"奖惩分明"的原则，让学生理解学校工作，了解管理原则。在这个过程中，对契机的合理把握，让师生对立的矛盾得到了化解，也让学生收获了内心渴求的尊重与理解，从而达到了教育的效果。同时，以偶然事件为引子，把握了班级管理的新契机，引导全班学生转向正面积极的信念，实现自我反思与教育，也是良好教育效果的获得。

教育契机的把握不是一个偶然随缘的事情，而是需要教师细心观察、耐心思考的实践，需要不断提升灵活处理问题的能力，需因势利导、对症下药，充分发挥自己的教育智慧。

在实践中，抓住教育契机，班主任可以做一个合格"守望者"，做好"修剪""浇灌"与"守望"的工作，剪去学生内心滋生的"杂草"，滋养学生良好的品行，守望学生在"界限"内自由生长，筑起一道篱笆，做生命成长的守护人，不缺位他们的成长，也不越位替他们成长。

染坊式教育

深圳市育新学校　杨　波

【选题缘起】

相对于普通高中来讲，中职生在学习基础上有一定差距，在行为习惯养成教育等德育工作方面有更高的要求。我仔细回顾每次接触的一年级的新生，他们除了青春期典型的心理特点外，大部分不良行为习惯都已经在初中养成，而且由于年龄的特点，他们已经初步形成并不断巩固自己的人生观和价值观，这时再对其进行教育转化当然会存在较大的难度，就好像要修改一幅已经初步成型的画。

针对中职生行为习惯养成教育，经过仔细分析，我转化策略，主要采用先营造整体氛围建立一个大染缸，然后将具体的问题放入这个大染缸有针对性地染色，让学生通过学生之间微妙的社会关系来互相影响，从而达到正能量相互叠加、负能量相互削减的效果。

【过程实施】

（一）待染的布匹

A同学乍一看有点黑，长得高高胖胖的，给人一种结实小伙的印象。其他同学大多都是刚满十六岁，他比同班同学大一两岁。初次见面，给人的感觉很健谈，他习惯和别人勾肩搭背，以示友好。初中毕业以后由于家庭原因，没能继续读书，在电子市场打工，丰富了社会阅历的同时也沾染了不少市井恶习，例如抽烟、喝酒、污言秽语等。即便我放大其优点，缩小其缺点，正向引导，但是在日后的交往过程中，远远没有我想象得那么简单。

开学之初，为了更多地了解这些新生，在日常生活、课间我尽量多地和他们一起参与活动。在交往的过程中，A同学便显得很热情，善于言谈的他总会把生活中的趣事分享，在同学中也成为大家的焦点。在言谈中的一些污言秽语我也尽量去包容，甚至去附和。也许是出于这种原因，A同学觉得我好像也没有底线，开始开我的玩笑，把自己市井的一面展露无遗，甚至在正式场合上也显得那么随意。就这件事情我单独找他谈过好几次，从不同角度分析利弊，希望他能有所收敛，但是效果并不明显，一个人养成的习惯并不是你一两句话就能改变过来的，而我能做的就是包容理解。

在军训结束以后学校组织烧烤活动中，需要班级自行购买食材，由于新的班级刚刚建立，A同学拉拢旁边的几个同学提出不同意见，一会儿说不愿意参加，觉得没意思，一会儿又说自己不愿意出钱，搞得整个活动把班级闹得沸沸扬扬。好不容易大家最终达成共识的时候，他作为代表去购买食材时，又提出各个小组买自己的食材，搞得几个代表产生矛盾，有同学甚至指出他跟商贩讨价还价私下获利并引以为豪，觉得这是他"赚"到的钱。

在学习上，由于A同学学习基础比较差，在课堂上他要么去调侃其他同学、调侃老师，要么就是趴在桌子上睡觉，在班干部提示时还显得不耐烦，觉得自己比其他人阅历多，言谈举止间显露出鄙视，仅仅因为这个事情班干部向我多次诉苦。渐渐地当他觉得自己在同学中有了市场以后，针对班级的各项管理规定，提出不同的意见，甚至对于一些明明不可为的事情和老师、管理教师扯皮、讲歪理，例如，晚上熄灯后不能玩手机，他会说我睡不着，玩下手机又没有关系。因为统一管理的原因，高一高二要分开宿舍，他以"我不想搬宿舍"为由不搬宿舍。

慢慢地会有一帮相对叛逆的学生在他的大旗下形成一股负能量的势力，甚至到了后来班级很多比较正气一些的学生都来给我出谋划策，让我想想办法，不然班级会给他们搞得乌烟瘴气。

（二）在染缸中调色

对于A同学，我根据经验展开个人访谈和侧面针对性教育，在教育过程中要从他既形成的一些个人观点与他展开辩论，最终要说服他。虽然每次都会很艰难，但是能让他明白过来一些道理我也觉得这是值得的。当我一开始展开对他的教育工作时，我一直在思考，他动机是什么呢？

从他的种种所为分析，在一个新的集体形成过程中，一般自认为比较聪明的学生会冒出来，以各种事情，甚至以站在老师的对立面，与老师唱反调的方式表现出自己的才能。那些自私自利的市井行为、趾高气扬地与人交往态度也只是他没有安全感的缩影。那些时候老师再与之沟通、教育并不能达到较好的教育效果，唯独能给予他的只是更多的关怀和帮助。

也是很偶然的机会，在班委会中，有的班干部提出，他们这些以A同学为首的负能量已经慢慢地形成了市场，如果不想想办法会让他们对整个班级产生不好的影响。他提到的"慢慢地形成市场"让我眼前一亮，是啊，很多时候他们做一些明知不可为而为之的事情，并不是他们不明道理，讲歪理是由于他们明白道理。班干部提出的形成市场的时候让我想到，既然他依靠的是慢慢形成的具有负能量的市场，那么为什么不能有效利用，班级具有正能量的人和事反过来影响他们，用他们自己的方式来影响他，达到釜底抽薪的效果。

后来，我在班级展开文明礼貌宣传活动，如"见到老师主动问好""进办公室打报告""尊重师长活动"等一系列方式逐步形成一种尊重师长、讲文明树新风的氛围，而这个氛围就是我所提及的染缸，在这个大染缸中，当绝大部分同学都形成共识以后，他的那一套便行不通了。在日常生活中的点滴，每个同学的一举一动对于A同学来讲，就是一个个活生生的教育方式。虽然我没有再因为这些事情去单独找过A同学，但是根据我的观察，他再也没有像以前那样肆意妄为，不分场合地调侃老师、扰乱课堂秩序了，这也就是我们班干部说的，没有市场了。

（三）生活中染色定型

经历了上次坎坷的班级烧烤活动，很多同学对这件事情都有自己的看法，甚至有的怨声载道，我觉得对这些负面的行为直接迎面教育，一定又会回到原来扯皮的路子上来。在活动结束以后的班会课上以"是否应该用班级水费去组织烧烤""是否应该以小组为单位各行其是""是否讨价还价所得应该算作正当所得"为焦点展开讨论。在班会课上大家各抒己见，其实道理很简单，作为十六岁左右的孩子对于这些问题里面所蕴含的道理都能讲得头头是道，例如

"要团结""积极参与活动""要有大集体的观念"等等。这些都是从同学们自己的口中所讲出来的，各种正能量的论调的出现，大家都会认同。对于这些搞分裂、小集体的现象便没有了生根发芽的土壤。在班会课上A同学出乎意料地没有去辩论什么，我想这时他已经明白了些什么。

渐渐地在班级正能量不断地叠接的过程中，整个良好的班风形成的过程中，A同学的那些歪理慢慢地少了起来，班级的各项管理规定不断完善以后，也便没有什么可争辩的了，我记得有一次早训的时候，他没有按时去参加，他的理由是自己体育课扭伤了脚踝，这时生活管理老师说："你这样没有请假就不参加早训可以吗？"他马上回答道："对不起，我马上去校医室开病假条。"这与他先前那种桀骜不驯，凡事争三分的心态有了明显的转变。当整个班级在早读、课堂、第二课堂、晚自习都形成氛围以后，他也会在这个大染缸中慢慢地染亮，课堂上一些小毛病自然而然地就会减少。

在后来班级内务整理、大扫除中他都是冲在最前面的，而他的每一次认真与努力我所要做的只是及时地肯定，让他感到老师在关注他。慢慢地他改变了，他不再是那个因缺乏安全感而以自我为中心、通过歪道理引起别人重视的A同学了。

【总结反思】

就好像染布一样，如果一味地强行染色也是不行的，得时不时地拉出来揉一揉这样才能达到更好的效果。如果当小A同学没有按照自己的想法达到效果的时候，肯定会产生挫败感，这时候就需要老师"在他有需要的时候"进行沟通引导，这时候才是有效的。适时的认可，正面的鼓励，可以让孩子认识到，并不是他以前那些行为才能得到大家的认可和尊重，而是踏踏实实做好任何一件事情大家都看得到，都对他赢得尊重。

在班级的大染缸中，在老师、同学的关怀下，每个具有典型问题的孩子，当他融入这个集体中后，他的那些小棱角，也在这个大染缸中慢慢地磨圆了。

现在回想起来，如果仅仅以初中生那种方式进行访谈、生活点滴教育是不够的，这些孩子对于大道理并不是不懂，而是他们因为这样、那样的原因不愿意这么去做，而且针对每个孩子开展细致的工作既没法面面俱到，也会让教育者身心疲惫。转移工作重点，从整体氛围的形成上下功夫，从他们日常生活的大环境中塑造一个大的染缸，加上老师的引导揉捏，或许会达到更好的效果，而这也或许更适合中职生的教育。

家校共育携手同行

深圳市育新学校　杨　波

【主题】

在问题学生转化教育的过程当中，最令教育者烦恼的事情莫过于学生思想随着周围环境因素不断改变，从而表现出来的行为习惯问题反复出现，而这一切却带有很多不可预知性，从而在教育过程当中容易形成教育者被动应付各种突发问题、成为一名救火队员的窘境。因此在教育过程中应抓住学生问题出现的本质，以学生思考问题的方式为出发点，抓住机遇，充分发挥家庭教育在孩子教育过程中不可或缺的作用。

【案例描述】

性格外向的豆子，他来到我们班级的时候已经15岁了，因为他总是上课时挤脸上的青春痘，经常被老师批评，久而久之，同学们都喊他"豆豆""豆子"，他也欣然接受。豆子来我们学校之前是在布吉一所民办学校读书，由于布吉流动人口较多，人员背景复杂，在打篮球的时候结识了一些十八九岁的无业青年。由于年龄相仿，有较多的共同语言，在交往的过程中人生观、价值观出现较大的偏差。逐渐不服从家长的管教，甚至因为家长教育他的"朋友"遭到豆子的辱骂、殴打等。周日返校拖沓，以各种借口不按时返校，与不良青年在外游玩，夜不归宿。针对这种情况对豆子展开密集思想工作，并多次与家长以电话、约谈等方式进行沟通。学生虽然从语言上能认识到自己的问题，但是隐藏较深，言行不一致，效果甚微。

开学初根据与家长沟通的情况就是，这孩子周末总跟一群无业青年一起在外面飙摩托车、打架，说话刻薄、对家长不尊重，学习成绩急剧下降。针对这种情况我还是采用一贯的路子，先了解他，摸清楚他的人生观。我安排他在靠近办公室的一个学习小组，方便我随时可以看到他。他性格外向、与同学相处时就好像一只刺猬，见谁扎谁，对于同学的言语总喜欢冷嘲热讽，还不时给别人起外号，最终的结果便是，别人给他起了各种外号。他嘴巴上永远不吃亏，甚至说脏话已经是他的口头禅。在学习上他有一定的基础，特别是在数学、化学方面较为突出，任课老师多次反映他是一个好苗子，但在课堂上他却是由着性子来，时好时坏。经过几个星期初步观察，他在各项纪律上最大的问题就是课间活动、晚自习上经常与同学吵闹。就这种问题我反复批评过很多次，收效甚微。我也考虑到他在学习上没有明确的目标，多次展开谈话、晓之以理、动之以情，但是他总是控制不住自己，出了办公室门就忘得一干二净。

在后面几个周，每到周末返校时间，他总是最后一个回到学校，甚至有几次请了病假，但每次回到学校却看不到任何生病的征兆。我便约见了家长了解具体情况。家长一开始欲言又止，后面才道出了实情。每次周末回家后他就好像出笼的小鸟，和他那些狐朋狗友钻到一起，周五晚上出去，一直到周日上午才回家，家长找遍了整个布吉也找不到他。等到周日回到家的时候浑身脏兮兮的，眼睛红红的，一看就是通宵没有睡觉。家长把这些情况要反馈给我的时候他就要挟家长说，如果告诉老师就再也不去读书了，家长也担心如果辍学，不仅是周末，即便是平时也会这么鬼混下去。因此家长选择了妥协。

听到这些，联系到他平时的表现才明白了，在学校的五天里，他能慢慢地进步，但是回到家以后就又回到了从前的生活圈子，行为习惯又重新回到了起点。如此往复，老师的一些话和方法便见惯不怪了，真正成了一个油盐不进的人。而此时我觉得应该抓住一些具体的事例，进而切入，如果再一味地进行说教，已经没有任何意义了。很快，就发生了这样一件事情。

有一次周五放学的时候，豆子妈妈提前一个小时来到学校，脸色煞白。她告诉我，她在路上堵车堵了2个小时，加上她又晕车，因此很不舒服。我递过一杯热水，此时刚好下课，豆子看到了他的妈妈。恶狠狠地说了一句："谁让你过来的啊？我都说我自己搭车回去啊，神经病！"虽然豆子平时有很多小毛病，但是他的这句话让我大跌眼镜。我随即反驳他："你这个没良心的家伙，你妈妈为了过来接你，路上晕车晕了两个小时，你还说这种话？！"此时豆子的妈妈委屈地流着眼泪，而豆子则不冷不热地说了一句"活该"便扬长而去。我没有去拦他，我回头安慰他的妈妈："孩子不懂事，别难过，回头我批评他，是不是他有什么情绪？"他妈才告诉我："周六那天答应晚上给他做好吃的，不让他出门，他便在家里玩游戏，一直玩到凌晨，实在顶不住便倒头就睡。我去帮他关灯关电脑，这时发现他的QQ没有关，还不断在闪烁，便好奇看了一眼，结果让我大吃一惊，他加入了一个群，这个群里面的人好像都是一些小混混，所谈论的事情让人震惊。其中还有一个20多岁的人和他私聊，约他现在出去飙车。我很生气地以妈妈的身份回了几条信息给他，叫他以后不要再和我儿子来往。这个人说话很不客气还骂了我几句，我随即就把他从好友里删掉了。豆子知道这件事情以后就对我有很大意见，说我看他的QQ记录，还得罪了他朋友，要跟我断绝母子关系。"

豆子爸爸外出打工，姐姐出嫁，母子俩相依为命，而此时我听到这些话时的感受却可以用鲁迅先生的一句话来形容"哀其不幸，怒其不争"。由于家长刻意的隐瞒，我一直错误地判断了豆子的家庭教育情况。我和豆子妈妈就如何教育孩子进行了沟通，我的观点很明确，"一定要在孩子面前树立家长的权威，不能一味地放任与妥协。如果一味地妥协，最终在孩子的教育问题上便会变得很被动"。

放学后，我和豆子妈妈把豆子叫到接待室。我开始从道德的角度引入话题，我说："你妈妈这么老远，忍着晕车过来接你，你一句感激的话都没有，反而还在这里说你妈妈，都让我快不认识你了。"豆子满不在乎："谁让她看我QQ记录还说我朋友。"我说："你妈妈是帮你关电脑的时候看到的，况且你看那些都是什么人，既然他是你朋友，他怎么连朋友的妈妈都骂？"他很来劲："活该，谁让她说我朋友！"豆子妈悲愤交加除了流泪已经激动得说不出话来了。我接着呵斥道："你怎么一点礼义廉耻都没有？！一个小混混，所谓的'朋友'，说他几句就可以骂你妈妈？更可恨的是你还认为他是对的？你妈妈难道活该被骂吗？"当头棒喝让他不知所措。我继续说道："从古至今，无论在哪个朝代，"孝"永远都是被每个帝王作为治国之本。而你竟然帮着一个小混混一起辱骂你妈妈，你这算什么？你不怕被天打雷劈吗？"这些传统的观点、通俗的语言，唤醒了他内心深处的一些良知。他这才不冷不热地回头问了句他妈妈："你吃晕车药了没有？"豆子妈终于开口了："你现在才想起来问我吃晕车药了啊？"

放学后，我再也压抑不住我内心的怒火，我甚至在责问自己，为什么不选择让他留校，免得回去惹是生非。但是我深知，在进行问题学生转化教育工作时，需要沉着、冷静，如果愤怒就已经输了。通过这件事情，我也切实认识到，豆子的母亲在教育孩子时的理念和方法是完全不可取的，一定要认真做好家长工作，向家长传授教育孩子的方法，使家长真正成为教育学生过程中的助力。在此后的一段时间内，在我周末值班的时候我都会和豆子妈通话，一方面了解学生在家的表现情况，另一方面也逐步向家长渗透我们的教育理念。

经过我与家长多次沟通以后，每次遇到问题时家长都会主动向我请教。我也会针对每次发生的事情和辅导员认真分析，最终给家长一个合理的解决办法，甚至设计一些特别的情境、对话来教育学生。渐渐地豆子有了一定的自控能力，也愿意和妈妈进行沟通。情况有所好转。但是好景不长，在国庆长假后返校前，我接到豆子妈妈的电话，她说："豆子在国庆期间去外面打篮球又和以前的那些朋友混在了一起，整天不回家，还在外面抽烟、骑摩托车到处闲逛，很危险，说了不听，每次看到我撒腿就跑"。我一直担心的事情终于发生了，经过一番努力豆子妈终于在一间KTV找到了喝得烂醉的他。第二天一大早他妈妈就要带他返校。一路上也没有看到什么异常的情况。快到地铁站的时候突然从后面冲过来三辆摩托车，上面坐的都是一些飞仔。豆子直接坐上摩托车就要溜……原来这一切都是他前一天晚上预谋好的。这时豆子妈妈冲过去将他一把从摩托车上揪了下来，几辆摩托车看到情况不对就扬长而去。而此时豆子把所有的怒火全部宣泄在妈妈的身上，一把将妈妈推倒在地上，妈妈也不依不饶地抓住他的腿不让他走。很快吸引了许多围观的人，大家都纷纷指责豆子，"这孩子怎么这么不听话啊？""发生什么事情了，这孩子赶快扶你妈妈起来啊……"而豆子却很冷血地说："谁再说我砍死谁！"热心人拨打了110，很快地铁值班室的民警赶了过来，并把他们带到警务室。当我接到豆子妈的电话时，我曾尝试跟他通话但是他拒绝了。我立刻意识到问题的严重性，马上从家里赶去事发地点。一路上我也在反思，为什么他总是反复出现这样的问题，为什么学校教育几个月还不及他和那些孩子待在一起几天变化得快？是什么导致了他这样？但我心里明白，无论如何今天必须把他带回学校，和那些人隔离开来。况且这件事情民警已经介入了，要充分利用这次机会，好好地想点办法。到了警务室以后我向民警出示了工作证，并上下打量着豆子，豆子还是一副油盐不进的样子。此时他的妈妈和民警轮番给他做思想工作，但是都无济于事。我深知再这么劝说肯定不会有什么实质性的进展。我说："你这又是抽什么风？在家不好好休息又出去鬼混？是时候跟我回学校了。"我给豆子妈使了个眼色，意思是让她去拦辆出租。而此时豆子以为我会强行拉他去学校，歇斯底里地大哭大闹："我不去学校，我和别人约了要出去的……"我接着说："你刚才的所作所为民警已经介入了，如果你不跟我去学校，那就意味着要受到15天的治安拘留。"这时豆子的眼神已经露出了绝望，越发大吵大闹。民警也接着我的话说："是这样的！"我话锋一转，说："其实你在学校表现挺好的，你看这几天这些人都带你做了什么，刚才的事情你让别人怎么看待你，这么大的孩子了，这样做不像你的风格啊……"经过一番努力在民警的配合下，我把豆子带回了学校。

而这时我的心情却很凝重，就好像手里握着一只烫手的山芋。回到学校以后，豆子的眼神中仍透露着一种暴戾，再多的言语恐怕也是徒劳。经过和辅导员、部门领导讨论后决定先让他参加为期一周的军训班，消磨消磨身上的这种气息。在这一周内，他体会到了艰辛，从他的日记中也看出了一个人独处时的思考。经过一周的磨炼后，整个人很疲惫但是却言语中带有铿锵……这时我便展开了密集的思想工作。

"这几天感受如何？""很累，但是也想明白一些问题。""不错哦，学会了思考，其实通过上次的事情我也在想，每次你都能改变自己，但是遇到那些人以后你就好像变了一个人一样，这到底是为什么？""这几天我也一直在想，每次跟他们在一起的时候一起飙车、喝酒唱K，这种放纵的感觉很好，我在他们中间能找到自己的存在感。""这就对了，其实你是对自己的将来没有长远打算，在学校的时候也无非是在混日子。但是你知道吗？每个任课老师都跟我反映你在学习上会大有成就，每个老师都很看好你。"豆子表现得很惊讶，我接着说："你跟那些人整天混在一起你无非就是放纵和寻找自我存在感，但是这一切与这个社会、传统道德格格不入，特别是飙车非常不安全，妈妈每天都担惊受怕的。你伤害的永远是那个最关心你的人。你仔细想想，这几天最苦最累的时候你想到的人是谁？"此时豆子含着眼泪，委屈地说道："妈妈……"此时他也似乎明白了什么……

在后来通过这次军训，巩固了他对母爱的理解，并帮助他建立正确的人生目标。特别是在每天晚上都会给他一天的具体表现及时进行评价、鼓励。就好像他所说的，他在学校找到了"存在感"。再后来，经过两个礼拜的留校察看，我觉得时机成熟了，便约了豆子妈来校接他。我曾经无数次想象这时的场景。但是真正到了这个时候一切却显得那么水到渠成。紧紧贴在妈妈的身后，他很小声地向妈妈说了一声"对不起"。

【方法策略】

透过现象看本质。在问题学生转化教育过程当中，如果用传统方法生搬硬套就已经走错了第一步，这将会导致学生出现阳奉阴违的情况。头疼医头，脚痛医脚的方法也会让教育者疲于应付各种危机。此时，我们应该根据学生的表象深入挖掘其根源，根据学生的生活环境、家庭情况，深入分析。从生活中的点滴着手，根据每个学生在乎的，性格特点，找到问题的"软肋"持续展开思想攻势。只有在持续的思想工作中才能找到相应的契机，达到问题学生转化的升华。

教学相长。在豆子的案例中看得出，他在整个过程中不断反复，当我一时没有更好的解决办法时，我会有针对性地展开阅读，教学智慧应该是在教学理论丰富的时候提炼出来的，在整个学生转化教育过程中，我自己的教育理念也得到了提升，打开了思路。

家校沟通。在整个案例过程中，一开始我与家长对沟通一直停留在"我问你答"这种最原始的沟通方式中，家长只是在沟通过程中不断地宣泄情绪，并没有在孩子转化教育过程中起到积极的作用。并在这种沟通模式下，特别是单亲家长，更会产生依赖心理，班主任事实上已经越俎代庖了。豆子这个典型的案例中，看得出来家长在亲子关系中更是属于弱势的一方，由于特殊的家庭关系，孩子对于母亲的不尊重更进一步地制约了家庭教育的积极作用。通过对家长的家庭教育理论的灌输让家长认识到家庭教育的重要性，逐步掌握家庭教育的一般方法，这才逐步取得阶段性成果。

因爱之名。感化教育在家庭教育中的应用。对于豆子这样的叛逆少年，开展家庭教育过程中，不应是说教，甚至言传身教的教育已经收效甚微，因为孩子已经形成了情感、行为、价值观的自主性。在豆子妈妈后期的感化教育过程中，一方面在孩子面前示弱，唤醒孩子内心的保护欲望，另一方面充分发挥天然母爱的感化作用，一个细微的举动或许在孩子心目中会种下希望的种子。

迁移需求，家校共育。在我深入了解到孩子的种种行为是一种自我认同的期望后，我通过呵斥控制事态、共情形成认同、迁移需求积累正性行为、引导家长展开学习、合理发挥家长家庭教育优势、实现家校共育。

【分析思考】

豆子的案例是我从事专门教育工作后五年左右的一次总结。当时我不断尝试摸索，生活中的点滴教育、学生的反复非常频繁，一度使我都有些迷茫。在遇到学生问题的时候如果只是针对具体问题开展工作，效率非常低。

在整个教育过程中，在学生行为习惯方面的问题时，一定不要忽略学生所生活的环境与教育环境，否则，在教育过程中会很被动。当一味地说教已经不再奏效时，一定要抓住学生思想问题的根源，抓住契机，从他最在乎的东西着手，或威逼或利诱，把他引到正确的轨道上来，再从生活中的点滴、细微处着手，树立正确的人生观。

此外，到目前为止豆子妈在遇到问题时还是会询问我的意见，甚至是周末要不要跟他出去玩一会儿的芝麻小事。这也充分暴露出在家长工作时还存在一定问题：在家长工作时应该是"授之以渔而非授之以鱼"。要想让家长工作在学生教育方面成为真正的助力应该注意方式方法，把问题学生转化教育的工作理念、家庭教育方法深入到家长的思想当中才会化被动为主动。

在接下来的很长一段时间，从以上几点抓起，豆子也逐渐走上了正轨，甚至有时候也会主动在日记里面跟我讲，不会再跟那些狐朋狗友来往，自己现在有了新的目标，要抓紧剩下的时间，考上一所好的高中。

孩子地盘由他做主

深圳市育新学校　毛武毅

【主题】

在孩子的成长成才的道路上，由于很多家长缺乏先进的育人理念和科学有效的育人手段，将自己的主观意愿强加到孩子身上，忽视孩子的主观能动性和积极创造性，越俎代庖，而导致不少的家庭教育悲剧，给孩子的身心造成了不良的影响。针对家庭教育中出现的此类问题，班主任应在"非对称性"教育理念的指引下，主动发挥自身专业优势，创设学生成长成才的密码，承担起学校教育和家庭教育的桥梁纽带作用，给予家长家庭教育的指导，与家长沟通交流，正确引导家长的教育观，让其步入正确科学的育人轨道，在家校合作中形成育人合力，有效避免不良事件的发生，从而成就学生不一样的精彩。

【案例描述】

"毛老师，拜托你帮我个忙，也是帮我孩子的忙，给他做做思想工作，或者你干脆直接教育他吧。不知怎的他现在迷上了写毛笔字，买了不少毛笔、字帖和一堆宣纸，学业早就丢到一边，成绩也是一落千丈，在以后的高三我还想让他参加高考读大学的。你看，现在我也是没有办法不知如何是好。"小玮的母亲向我倾诉，无助的眼神央求着我。

小玮？我的脑海中立刻闪现出了一个头脑灵活、对人彬彬有礼、具有写毛笔字天赋和文化成绩还算过得去的男孩子形象。"这孩子头脑很灵活啊，在写毛笔字方面很上进，学习也还算努力，可以一手抓文化课的学习，一手抓毛笔字的练习，可以说是一个潜力股呢。"我对这个孩子发出了由衷的感叹和赞扬。"喜欢写毛笔字不是玩物丧志？占据了文化课程的学习时间，以后高三的高考就只考语数英，要是考不上大学，那我们全家的梦想不就破灭了吗？"孩子的母亲用无奈的语气说道。

"其实三百六十行、行行出状元。看你的儿子小玮，他没有读普高，来到了我们学校，其实中职也是人生的另一条起跑线和出彩的路径，也能够成就孩子不一样的精彩，况且小玮的文化成绩也不是太差，在文化课上再发力，把写毛笔字作为自己的兴趣特长，这与参加高考并不冲突，何必要违背孩子成长的意愿呢？万一以后他在写毛笔字上又有所建树呢？"我真诚地指出了她的教育思想的偏差。

也许小玮的母亲受到了传统教育思想根深蒂固的影响，她一时也转不过弯来："毛老师，我也不是要剥夺孩子的爱好，我是怕他沉溺于写毛笔字中而荒废了学业，使得我们的理想夭折。"小玮的母亲好像吃了秤砣铁了心，其实我非常理解母亲的心情，为了孩子的成长而殚精竭虑，甘愿牺牲而无怨无悔。又有多少父母越俎代庖、扼杀孩子的天分而浑然不知？死板的说教于事无补，贴近生活实际的真诚沟通或许能改变家长的观念，想到这里，我顿时豁然开朗。

清代文学家龚自珍有一句流传千古的诗句："我劝天公重抖擞，不拘一格降人才。""当今社会发展日新月异，中国特色社会主义进入了新时代。俗话说："十年树木、百年树人"。种树与育人的道理有着异曲同工之妙，现在的社会职业分工越来越细、越来越精，每个领域都需要各种各样的专业人才，所以孩子有一门自己喜欢的兴趣爱好，这是一件求之不得的事情，以后还说不定会发展成为他的职业呢？"我委婉地点拨着小玮的母亲。接下来的日子里，我不时通过微信、电话与小玮的母亲沟通交流，我还不失时机地给她讲一些父母教子成才的成功案例。同时我也与她谈论了某些父母由于不尊重孩子对人生理想的选择，误了孩子的前程，给其成长成才带来负面效应的案例。通过我的交谈与引导，小玮的母亲也渐渐醒悟并能够接受我的观点。在一次的谈话中，她充满感激地说："毛老师，我终于明白了教育不是一朝一夕、拔苗助长，更不是强加大人的观念于孩子身上，应顺应孩子的身心发展、特长爱好，润物无声地对孩子施以教育影响。"

之后小玮的母亲充分尊重孩子的选择，支持他写毛笔字的兴趣特长，小玮也勤加苦练，在市级的青少年书法大赛中获得了一等奖，并在学校组织的迎国庆70周年的大合唱比赛中，在舞台上挥毫泼墨，写下了"祝祖国繁荣富强"的标语，为我班级的合唱比赛获得一等奖立下了汗马功劳。在班级文化布置中，他写下了"祝学校越办越好"的标语，至今仍悬挂于班级走廊橱窗中。在年前学校书法社组织的写春联活动中，他积极参与，写下了十多副春联送给了学校领导、老师和同学们。获得了大家的纷纷点赞！

孩子的地盘应由孩子做主，小玮告诉我在这次漫长的假期期间，他除了写毛笔字外，把更多的精力放到了上网课和学习语数英文化课上，希望在高三的高考中能够考上理想的大学。为了心中的理想大学，小玮周一至周五在学校的课堂上认真听讲学习，不耻下问，经常请教老师难题，和同学们形成学习合作共同体，互帮互助，营造出了良好的学习氛围。在晚餐后，小玮坚持练习书法，将写书法作为紧张学习后的一种愉悦的放松方式，劳逸结合、藏息相辅，始终保持着良好的学习劲头和练习书法习惯，在文化课的学习和书法上找到了最佳平衡点，朝着他理想的大学努力奋斗。

在提倡素质教育和发展学生核心素养的今天，文化课程与特长爱好并行不悖、相互促进，让孩子在宽松温馨的环境中尊重孩子的选择，顺其自然地发展，才能绽放出人生的理想之花。

【方法策略】

著名思想家、教育家朱熹曾说过："小以成小，大以成大，无弃人也。"强扭的瓜不甜，赶鸭子上架式的育人模式只能让孩子和父母产生对立的情绪。所以我们务必让每一个学生在"适应性领域发展"，为学生提供合适的教育。学生的性格爱好、脾气秉性、兴趣特长、家庭情况、学习状况均不同，学校教育要与家庭教育相互配合、相互促进，精心加以引导和培育，纠正孩子母亲错误的教子观念，通过类比引导、个案交流、讨论谈心等方式加强心理沟通，让孩子母亲逐渐走出偏执的爱子情绪，最终形成家校育人合力，挖掘出学生的闪光点，并充分尊重学生的主体地位，有效发挥老师和家长的引领作用，让孩子沿着自己喜欢的正确人生轨道进发。

【分析思考】

苏联教育家苏霍姆林斯基说过："教育学应当成为所有的人都懂得的一门科学——无论教师还是家长都应懂得它。因此，我们努力使每一位家长都能掌握最低限度的教育学知识。"在对学生的教育过程中，班主任应采取两条腿走路的策略，时刻密切关注学生的家庭教育动态，如果孩子的父母对孩子的教育方式失之偏颇，班主任就需要想方设法与孩子的家长进行育人方式方法的沟通交流。运用先进的教育理念、科学的育人手段武装家长的头脑，为家长的家庭教育提供智力支持和方法借鉴，让学校教育和家庭教育形成合力，共同为孩子的成长成才保驾护航。

浅谈如何进行家访

江西省广昌县第一中学 邓桃芳

【主题】

家访是班主任走进学生家庭，对学生家庭进行的一种访问的方式，也是了解学生家庭的具体情况，与学生家长交换意见，共同对学生进行教育的一种方式。每个学生的家庭的居住条件、经济状况、父母职业等等都不尽相同。作为班主任，应当对每一个学生负责，所以就必须全面地了解学生的实际情况。家访，就显得非常有必要。

【案例描述】

笔者所教的班级为高中理科班，到了高一下学期尤其是高二的时候，有的学生放松了学习，表现为迟到、旷课、上课精神不济等，问其总有原因，因而这时全面了解这部分学生的状况就显得非常有必要，家访便是其中的一个选项。

班上就有这样一位学生，先是上课睡觉，而后找各种理由旷课，最后厌学产生不读的念头。在多次与其家长电话沟通都无果的情况下，征得家长同意后，约好其他科任老师上门家访。上午十点到达其家时，该学生还在睡觉。在家访中了解到该学生家庭是单亲贫困建档立卡对象，其母亲辛苦在服装厂上班，没有时间监管孩子；一日三餐，其母亲早早给他准备好了饭而后赶着去上班；还为他在他卧室配备了电脑，及给他买了平板和手机；不敢对孩子严加管理，怕孩子想不开；该学生则常玩电脑或手机至深夜，等等。这些情况是电话中难以全面了解到的。

针对这些情况，我们对家长及学生进行分析，动之以情，晓之以理，最后该生表示要痛改前非，当天下午，就到学校来上课。

【方法策略】

现实中，如果进行家访，看似简单，实际上却是涉及诸多面因素的一个复杂问题。下面就家访谈谈几点看法。

1. 班主任要诚恳、热情，抱着对学生负责，教育好学生的态度

这一点取决于班主任对教育事业的敬重和对学生的热爱，只有这样，他才能争取家长的合作。不可否认，有些班主任进行家访，是一种应付差事的态度，家访只是走走过场，起不起作用、能不能起作用，似乎无关紧要。这种班主任在家访过程中对学生的优点和缺点往往模棱两可，缺点提得不到位，优点说得不明显。这样就会使家长感到家访可有可无。而负责任的班主任所进行的家访一般都是有针对性的、有目的的。他们以解决具体问题为目的，以达成一定的协议为效果。这样的家访才可谓做到了实处，由表层进入到深层，真正起到了家访的作用。

2. 班主任的家访要争取家长的支持，要采取积极的合作态度

班主任走进学生的家庭，访问学生的家长，其目的是全面了解学生，争取学生家长在教育中的配合，所以争取家长的支持，积极与家长配合才是正确的方法。然而，有的班主任却未意识到这一点，在家访中经常以一种命令性的口气，或一种责难的态度。这样往往不能使家长心服口服，而且很容易造成紧张的氛围，不利于家访的进行。

家访中，正确的态度应当是坦诚、平等、合作。班主任只有急家长之所急，想家长之所想，才能取得家长的信任；只有平等地对待家长，在与家长交往中形成一种和谐的氛围，才容易说服家长并取得家长的支持；只有态度诚恳、善于合作，才能争取到家长的配合。可以说，家访中班主任抱什么样的态度往往是家访成功与否的关键，积极正确的态度能使家访顺利进行，并达到预期目的；消极错误的态度却常常使家访困难重重，或是半途而废。

3. 家访要有计划、有目的、有重点、有充分的准备

要提高家访的质量，就必须有重点，有针对性地进行，因此，家访前的准备工作非常重要。在家访前，需对学生有着充足的了解，从而确定此次家访的重点和目的所在。有准备、有目的的家访，不仅能够提高家访的效果，发挥家庭教育的作用，更重要的是它还使家庭教育与学校教育步调一致，增加了教育的力量。

4. 在家访中，要讲究科学的方法，避免"告状式"的走访

长期以来，许多班主任总是在学生出了问题之后才去家访。难怪在一些学生心目中，家访往往同"上家告状"同名，言"天不怕，地不怕，就怕老师到我家"，这说明家访确实存在着方法上的问题。为此，班主任必须注意以下几个方面：

一是拓宽家访的内容与范围，家访不应该仅仅局限于"出了问题之后"，也不仅仅局限在"差生"身上，家访要面向全班学生。对各方面都表现不错的好学生，也有必要进行家访。通过家访，与家长沟通感情，取得联系，既可以促使家长协助强化、巩固学校教育的效果，也可以与家长一起为下一步的教育定出计划，使好学生在自己已有的基础上得到进一步的提高，而不是安于现状。

二是班主任在家中要全面介绍学生的情况，不搞合盘否定和肯定。班主任在向家长介绍学生的情况时要客观、全面，要懂得多表扬、少批评；多正面教育、少反面教育，以正面教育带反面教育的原则。家访中，要充分肯定学生成绩，在这基础上，提出其存在的问题和不足之处，使家长和学生能够接受，并对改进不足之处充满信心。

三是家访中要自始至终贯彻尊重、信任、帮助的原则，使家访在一种愉快、友好的氛围中进行。一般情况下，绝大多数的家长都是尊重教师和支持教师工作的，所以，以平等、合作、诚恳的态度对待家长的意见，就能取得家长信任与支持，并能真正地把家庭教育和学校教育结合起来，达到教育学生的效果。

【分析思考】

家访中，班主任要以理服人，以科学的方法来引导，围绕目的，确定每次家访的具体目标。

进行家访，一般都包括下面三个目的，一是进一步了解学生的家庭情况。

在家访前，对学生家庭情况要有初步了解，对学生家长的职业类型，工作性质等做到心中有数。二是了解学生在校外、在家庭中的表现。如学生的爱好特长、生活习惯、待人接物的态度、方法以及与亲戚朋友交往的方式等，这些都是全面了解学生的第一手材料。三是与家长一起研究，讨论学生出现的问题以及解决问题的方法。这三点是班主任家访的总目的，也是家访所涉及的几项主要内容。这样，班主任就可根据得到的这些情况，着手制定出具体的切实可行的改善计划，把家访落到实处，真正把它作为解决问题的有效手段。

总之，家访是班主任与学生家长取得联系的重要途径之一，在对学生的家庭教育情况基本了解的基础之上，班主任就可以有目的、有意识地影响和指导学生的家庭教育，有针对性地指出学生家庭在教育中存在的问题，与家长一道更好地解决学生存在的问题。

水能覆舟亦能载舟

——浅谈问题学生教育过程当中家长工作的落实

深圳市育新学校　杨　波

【主题】

一直以来，问题学生经常遭到家长、同学，甚至个别任课老师的另眼相看。但是作为一个教育工作者，我们不能仅仅只为了培养尖端优秀人才而努力，教育对于每个学生来说都是公平的，对于问题学生我们应该付出更多的关爱，深入剖析根源，从而找到解决问题的方法。

问题学生的产生原因来自各方面的因素，主要可以分为家庭教育、社会环境、学校环境等，而家庭教育对于学生的影响则更为深刻。家长是学生的第一任老师，家庭环境也是学生成长的第一所学校，在家庭因素影响下产生的问题，学生在很大程度上与家庭氛围和家长的教育方式有着密切的关系，此时对于问题学生的教育就要求我们教育工作者深入地展开家长工作。家长工作的好坏直接影响到问题学生的转化教育。

【案例描述】

小新，男，14岁。父母均为商人，家庭环境富裕，但家长由于工作以及个人生活习惯的原因，对于孩子疏于管教，导致孩子与校外不良青年勾结在一起，染上了抽烟、酗酒、打架、建立小团伙欺负同学等恶习，最严重的是经常半夜骑摩托车，偷家里的钱在外挥霍，夜不归宿，甚至还是团伙的小头目。后来经过原校学生处的推荐转来育新学校，我就成了他的新班主任。小新初来时，给我的感觉比较内向，举止比较拘谨，很难与他的"光辉历史"联系起来。但是渐渐地他的不良习惯便暴露了出来，在同学之间发展自己的"势力"，收买同学帮他写作业，懒惰、个人卫生习惯极差，上学随心所欲，周末想办法骗到家长的钱或者是偷到家里的值钱东西卖掉以后就不按时返校，继续他的无度挥霍生活。一时间班级被他搞得乌烟瘴气，很多学生甚至觉得他过得很"潇洒"。对于这样的学生，首先站在他的思维方式上展开谈话，在必要的时候调侃几句，逐步建立了信任。从交谈中得知他的父母工作很忙，经常深夜才回家，父母对他的关心就是给他零花钱，他手头上的生活费很宽裕。他厌学，经常逃学，他认识的那些校外青年最看重他的钱，所以他可以用钱收买那些人去欺负与他有矛盾的同学，在这个过程当中他很有成就感。而父母对他的教育就是简单地告诫，对他来说已经习以为常了。当他没有钱花的时候会去借别人钱，最后这些人就会去找他父母买单，他的父母每次都会爽快地替他还钱，这样更助长了他的气焰。渐渐地他花的钱越来越多，有一次偷偷地从爸爸的包里拿出了一万元的现金，连续两个星期不见人影，等他再次回到家时，已经身无分文了，而父母对他除了唠叨也无计可施。

【方法策略】

听到这些我真的是百感交集，如果家长这样继续教育下去，孩子就会一步一步地迷失自我。小新在学校能认真遵守各项规章制度，而每次回家都会又变了一个人似的，继续着他荒诞的生活，鉴于这种情况，我认为对于孩子的教育应该逐步展开家长工作，通过家校合作的方式，帮助家长制定一些方法和策略，共同完成对小新的教育。一开始，通过几次约谈，家长对于我们的工作还是比较认可，提出回家后加强对孩子的监管，以及孩子在出现问题以后如何摆明自己的立场，如何处理。我也家访了几次，深入地了解了小新的家庭环境与周边的生活环境，父母基本上是凌晨才回家，家里只有一个外公照顾他的生活，外公是潮州人，对于男孩子过于溺爱，甚至每次放学时都会帮小新背书包，小新夜不归宿也不会追究。在小新家，我对家长提出了几个意见，一、平时工作再忙也要腾出时间陪孩子，共同经历一些事情，比如旅游、亲子活动等，建立深厚的亲子关系，便于以后对孩子展开教育。二、在孩子犯错后可以通过告知班主任，寻求学校的助力共同教育。三、不能给小新太多的零花钱，给他零花钱等于在害他，如果还有外面的人来讨债也不能那么爽快地替小新还钱，要让外面的人不敢随便借给他钱。四、保管好家里的财务，防好"家贼"避免再次出现小新偷拿家里的钱，夜不归宿的情况发生，通过这一系列的措施可以在客观上有效地控制学生的一些习惯。再通过家长、老师的深入沟通从根本上来矫正小新存在的问题。经过一段时间的努力，小新的行为有所收敛，但是经过一些长假，又会和那伙人纠缠在一起，行为总是反复。家长在后续教育过程当中，父母对老师的意见有些敷衍，双方在对孩子的教育方面都没有达成共识，每次都以这样那样的理由推卸责任。就我所提到的第一点，长假期间带孩子一起去旅游、共同完成一些事情这些简单的要求家长总是以工作忙，对方没空等原因没有去落实。出于对孩子的"关心"，还是会给小新很多零花钱，最后的结果就是小新看到家里任何值钱的东西都拿去卖，供自己挥霍。对家长的这些不负责任的行为我很是恼火，有一段时间我也挺生气的，最终也不了了之。小新在校的那段时间，但凡在学校，经过老师的批评教育能认识到自己的错误，但是每次回到家就又抛诸脑后，反反复复，最后对老师的话也麻木了。上个学期家长为了省事，直接把孩子送去北方一所全寄宿的技术学校读书，从此以后小新渐渐地淡出了我们的视野。

对于小新，我觉得在学校教育方面是成功的，但是在家庭教育方面是失败的。而对于我来说，家长工作也是失败的。在失败中我不断反思，从我的立场考虑，是由于我在做家长工作时缺乏耐心，没有能通过正确的方法让家长认识到问题的根源，认识到自己教育还存在的问题。特别是如何让家长明白在关爱和教育两个层面找到平衡点。教育其实也是关爱，而关爱却不仅仅是可以用金钱或者宽容来衡量的。当学生出现问题时，应该耐心地从家长的工作、生活方面思考，再结合学生的实际制定切实可行的方案，并从每个细节上督促家长去完成，真正让家长对我所提出的教育方法认可。很多问题学生的产生，其实往往是由于家长的原因，既然家长的教育存在问题，我们就应该帮助家长去改变教育方法，帮助家长改变教育观念，而不是简单地用自己的标准去要求家长，应该根据具体的事件，耐心地帮助家长去分析问题，"如果这样是不是会好一些呢？"在潜移默化的过程当中，用自己的专业知识去做家长工作，把家长拉拢到教育问题学生的统一战线上来。或许，当初在小新的教育问题上，我在家长工作方面再细致些，再切实可行些，小新也不会走上今天这样的坎坷求学路。

而小金的情况，在家长和老师的共同努力下有了彻底的转变，在家长工作方面注意了以上几个问题以后，真正做到了家校合作。小金的基本情况和小新有类似的地方，比如和校外无业青年鬼混，出入黑网吧，夜不归宿，学习成绩一落千丈。经过一段时间的接触，我了解到，小金的学习成绩开始并不是很差，有一定的学习基础，家庭环境较好。在校期间存在的一些问题，经过教育后基本上都能改正过来。但是小金的自制能力差，也是每次回到家一有机会就跑出去上黑网吧，夜不归宿。隔天凌晨才黑着眼圈回家，狼吞虎咽一番，母亲只是默默地为他准备饭菜，因为母亲觉得说教对他来说已经没有什么意义了，也是很苦恼，在具体做法上，父母在对孩子的教育方面也有些矫枉过正。比如在安排学生周末生活方面，想尽一切办法不让孩子出门，导致孩子产生强烈的逆反心理。

经过电话、约谈等方式进行沟通以后，我给家长提出了几个意见。首先，从沟通方面，要充分肯定他在学校的进步，改变以往一味地批评教育，慢慢地深入到孩子的内心世界，让孩子和父母的沟通减少隔阂。其次，对于学生出现的问题及时和老师沟通，充分借助学校教育的优势。最后，针对孩子夜不归宿的这种情况要分析其成因，学生夜不归宿去哪了？他为什么要这么做？有什么吸引到了他？通过我对小金的了解，他夜不归宿无非就是在黑网吧里通宵玩游戏，虽然家里有电脑，但是玩游戏会很卡，而且家长也不会让他在家里玩游戏，反而还会一直催促他读书。从学生的角度考虑，他这样做，无非就是一种逃避和追求自由。经过我的分析，从家长的角度来说，对孩子的期望值很高，但是一些行为适得其反。利用周末时间，我和家长见面一起聊起小金的事情。我帮助家长分析学生的心理，建议家长从孩子的需要着手。从家长的角度考虑，如果小金再一味地出入这些场所，那么他很可能会染上其他恶习，到时候更难教育。一开始家长对我的意见仍觉得空洞，不具有可操作性，而我也会根据小金在校的具体情况和与我沟通时的诉求来分析学生的想法，家长渐渐地认识到了自己教育时存在的问题，而且对我所提出的问题渐渐地重视起来。我说服家长更换一台新的电脑，可以让小金在家里上网，首先让他不能脱离我们的视线。根据自己的经验，我认为学生在叛逆期这个年龄段，很多时候说服教育已经很无力了，孩子追求自由，追求家长老师的平等对待，那么，我们就迎合他的需求，我配合家长和学生坐在一起，商量周末生活的安排，制定周末活动计划，合理安排学习、上网、运动、家务等。而小金也比较能接受这种方式。在我和家长的配合下，小金夜不归宿的现象逐渐减少，直至不再发生。由于能合理安排学习时间，对学习也渐渐产生了兴趣，在学校学习中也有很大的进步，在上次期末考试当中取得了优异的成绩。

【分析思考】

问题学生教育转化工作不是一蹴而就的，总会有这样那样的原因出现反复，但每次学生出现问题，由于之前的家长工作比较扎实，家长会主动与我沟通，我再从学校教育的角度帮助学生分析问题，并提出要求。这样学生的教育便逐渐步入正轨。

对于小金的教育我认为成功之处在于，切实抓住了学生问题的根源，在家长工作方面细致到每个环节，主要从家长和学生之间的矛盾着手，老师充当一个调解员的角色，一方面从学生的诉求分析，另一方面从家长教育学生存在的问题，细心地帮助家长改变教育方法，从每一个环节跟进，遇山开路，遇水搭桥。得到家长的充分认可，引导家长积极地反馈学生在家里的具体表现，寻求学校的助力，来完成对学生的教育。

小新和小金的故事只是在问题学生转化教育过程当中的两个对比。前者在家长工作方面过分依赖家长的自觉，在制定措施的时候没有及时跟进，对待家长所出现的问题时，缺乏更细致的分析，对于具体的方案没有具体的量化总结。而在小金的教育过程当中，通过具体的交谈和分析，逐步得到家长的肯定，让家长充分认识到对孩子教育过程当中存在的问题，当家长真正意识到了问题，并积极配合学校制定方案、进行家庭教育并积极反馈，那么在后续教育过程当中便是水到渠成。因此我认为由于家庭教育方面所导致的问题学生产生应该从家长工作着手，要做好前期准备，分析家长、得到认可、及时跟进再进行互相配合，最终完成问题学生转化教育。家长工作的好坏直接影响到问题学生教育过程当中教育工作者工作的主动或者被动，这也是我们在教育过程当中不可忽视的层面。

班级管理篇

一个"后妈"的逆袭之路

深圳市育新学校　张　敏

【主题】

中途接手一个班级，对班主任的挑战是巨大的。从陌生到熟悉，从排斥到接纳的过程，一定是我们用心投入其中，才能收获芬芳。我们要从心出发，用心与孩子亲近；制定标准，给予清晰的界限才能走好这个曲折的"后妈之路"。

【案例描述】

11月8日的8点30分。我从学校出发，坐上了疾驰的大巴车。我知道，在40分钟后我将会和我的学生见面，他们现在正处在实习阶段。他们将是我从教生涯的第一批学生，也可能是我将遇到的一个幸运的大烦恼。在这一刻，我的心情是烦乱的。准时到达酒店，我来到员工宿舍电视房开会。意料之外，却又情理之中的情况。一共16名实习的学生，才到了两名女同学。我的心开始缓慢下沉。在思考后，我决定去探访男生宿舍。又是满怀不安。我推开门，一股呛鼻的烟味扑面而来。昏暗的房间内，我的学生睡得正酣。这时，有一个孩子抬起头来与我们打招呼。我瞬间松了一口气，总算没白跑，还有幸见到了三名学生的面。正当我以新任班主任的身份与这名学生聊天时，不和谐的声音响起。愤怒夹杂着睡意："谁啊！吵死人了！"这声怒吼让我的心瞬间到达冰点。而后，我们只得悻悻离场。

这就是我与我的班级的尴尬的初识。作为一名中途接班的班主任，我感觉充满了挑战。

开班第一件事，安排座位，制定班规。秉持着公平和不扰乱班级纪律的原则在班上调换座位，这个我听到最多的呼声就是这个班主任好麻烦。我虽强硬地提我的要求，内心却也有几分不被接纳的苦楚。

带着这份苦楚和我内心不甘的渴望，渴望与他们亲近起来的心情。我开始筹备校运会的烧烤活动。怎知这让我的心又一次冰冷。活动前班上的几名同学以各种理由不配合缴费，不参与烧烤。一次次地说服和一次次地退让，终于把班上同学说动了。正是抱着一种想促进班级团结的想法，才让我不至于放弃任何一个机会去改善班级的团结。

与我的班级相处是一个坎坷的过程，所有的一切虽然疲惫却愿意坚持。

11月24日，我穿上了学生的服装在赛场上与学生们一起呐喊。我们还一同参加了"双轨电车"和"银珠接力"。还记得双轨电车这个项目，我们拖着两个沉重的木板，整齐地呐喊出口令。即使练习时不慎跌倒，我们整顿后继续练习；即使双手通红，却也不曾放下绳子；即使喊到喉咙沙哑，也高声呐喊。在9个学生身后的我，也同他们一同呐喊。这个时候，我们是一个团队。最后我们班以小组第一，全校第三的成绩拿到了双轨电车的三等奖。

这是我与班级关系的一个大转折。与他们共同参与，唤起集体荣誉感。我想，我做到了。

校运会当天夜晚，是班级的集体烧烤活动。全班38人，全部到齐。烧烤活动就如火如荼地展开了。平时在班上比较沉闷的同学，纷纷发挥出自己的浑身解数。几个男生主动请缨，外出为班级购买烧烤物品，3个男生扛了一大堆东西回来；女生们发挥了细心贤惠的优良品质，把食品洗净串好；烧烤开始后，几个男生为大家"煽风点火"开了一个"坤哥烧烤档"。现场气氛十分融洽，就连之前说不愿参与的女生也忍不住加入烧烤的行列。

这是我与同学们一起经历的校运会，在这个校运会中我与他们的关系又近了一步。也是让我更深刻地领悟到班主任要有一颗包容的心，包容学生集体活动中的小私心并团结他们，坚持做正确的事情。正确引导学生树立集体观念。耐心地与学生交流，于活动中挖掘学生身上的闪光点。

【方法策略】

接手新的班级，切勿急于求成。先向老班主任请教以前的带班风格，熟悉学生，才能有效管理好班级。用心去融入学生，但并不是退让。对于制定班规，更换座位等原则性的问题，一定是温和且坚定的。明确自己的底线，而非有意"讨好"学生。

【分析思考】

集体活动可以说是最好的教育契机，中途接手班级的班主任一定要利用好集体活动的机会，做班级的黏合剂，在活动中贴近学生，走入学生。教育就是用一颗真心去打动另一颗真心的过程。

浅谈开学初的学生管理

深圳市育新学校　宋延兵

【主题】

作为班级教官，由于经常和学生待在一起，通常都会遇到一些突发状况，如果处理不妥当，看似风平浪静，如果控制不好随时有可能演变成疾风骤雨，让事情更加难办。反之，如果处理得当，又未曾不是一次良好的教育契机。下面就分享新学期刚开学，班级里转来了各种问题的学生，发生了各类事情，做一分享：

【案例描述】

"教官，你得说说小L经常走过来动我一下，时不时还骂我两句。"

"教官，小L课堂上又在到处跑了，老师经常说他听不了一会儿又下座位动别人，我这纪律委员说他也没用！"

"教官，小C老是在课堂上挑事，说别人骂他了，其实就是他自己坐不住，你得好好管教管教他！"

"教官，小Y冲凉时候又和谁谁骂了起来。依我看，这小子就是新来的，没有认真学习班级公约和规章制度，有空你得好好让他学习下《中学生行为规范》。"

听着纪律委员和班长的"如实汇报"，我只能面带微笑地叹口气、摇摇头并说道："好的，我知道了！"

由于班级本学期转入新生较多，初一上半学期刚建立起的班级文化，在这群新生的冲击下，几乎消失殆尽。长时间和班主任一起营造出的"家"，到现在，团结也没有了，当初的凝聚力也消散了，为此我也和班主任多次商讨如何重新把班级营造出一个新的"大家庭"！

【方法策略】

首先，如何建立班级凝聚力呢？我和杨老师的一致观点是建立良好的班级氛围。因为我们明白：任何一个问题都起源于一些个别问题学生；其次，我们学校，所面向的主要对象就是问题生。所以，班里如今这个情况是很正常的。最后，如何使新转来的问题学生做出改变或者矫正自己的缺点，是现阶段首要问题。我们所做的第一步，是我决定先从几个突出问题着手，在开学前几周，不断地和这些学生进行私下思想交流，尝试着让他们放下对学校和老师的戒备，建立良好的师生关系，进而为下一步的工作打下良好的基础。

"教官，我真不是有意动他骂他的，我身为新生怎么敢随便动他骂他啊，只是有时我从他面前走过的时候，他就会骂我'坪山土狗'，我气不过，当然就骂回去了。"小L说着说着出现了激动的情绪，语速也有所加快。我赶忙说道："我又没说你不对，也没让你认错，我只是想从你这里了解下情况而已，别激动，你先慢慢和我说，如果那些人故意针对你，我马上去了解情况；如果如你所说，我一定好好批评他们。"我知道我现在能做的不是解决他爱动别人的毛病，而是让他先认可我，而后再慢慢来。

小L站在我面前，大概有十分钟，我并没有着急和他说话，而是做我自己的事情，看着书本，并想着如何让眼前的孩子认识错误。"教官，请问还有事情吗？没事我就走了。"感觉他明显站不住了，我抬起头看了他两眼。"你呀，我知道你，原学校的推荐信上都写着，就是有时候管不住自己。"我并没有用严厉的口气和他说话，原因是十分钟的站立已经让他很不耐烦了，如果再火上浇油，只会让他的情绪更加不稳定，对我更加厌烦，而我用温和的口气和他说话，反而让他摸不着头脑，这样更有利于后面的谈话。我逐步和他说了他近段时间的表现，他很惊讶，我先让他坐下来然后拍拍他的肩膀说："我做特殊教育十几年，遇到过不少和你一样，甚至比你还皮的学生，其实你们只是行为习惯差了一些，但都是好孩子。我听任课老师说你经常上课期间不认真听课，没事还下座位。咱俩今天来一个私人约定，你只要在接下来的一个月里，遵守课堂纪律，我就让你试着管理班级的纪律，要是做得好了，以后我还可以和班主任商量，让你做咱班的纪律委员，怎么样？"看着他不好意思的神情，接着说道："回去吧！好好想想我们之间的对话。"

接下来我找了好几个新生进行了聊天，当然我并没有给他们"下马威"，而是和颜悦色和他们进行了沟通，了解他们的实际情况，根据沟通的结果，我心里大概知道了他们的基本情况，有些需要和父母沟通，有些需要和任课老师一起想办法，当然在我看来，他们这些问题都是"事出有因"，我一直说服自己，要相信这些孩子，而且要想解决这些问题也需要他们一起努力才行。

【分析思考】

南风效应说：和煦的南风比凛冽的北风更容易让人敞开心扉。我希望用我的宽容和理解，让他们认识到自己的问题，并尝试着去解决。

马太效应说：通常好的会变得更好，坏的则会变得更坏。我和他们认真和谐地沟通，让他们尽量去抑制他们问题的发生，让他们的优秀不断发光。真诚的关注，温暖的期待，一碗水端平的做法是解决班级问题的重要手段和必要基础。

如果一味地用温和的手段解决班级问题，虽然可行，但没有必要的纪律要求，所谓的温和也会显得异常苍白。所以重新建立班级的规章制度，也是当下必须解决的问题。开学两周以后，军训刚结束，我和班主任商量，由我在下周的班会课上对班级的规章制度做一个简单的介绍：

"由于本学期班级新生比较多，原先的班干部暂时保留，在将来的学习和生活中，我和杨波老师将结合你们各方面的表现，采取民主选举和轮岗任命班干部，每两个月选举一次，行的就上，不行的就下，只要你们好好表现，都会有机会在班干部的舞台上发挥你们的优点。"

"现阶段，我们主要抓课上违纪现象，不管是谁，扰乱课堂纪律，我和杨波老师绝不姑息，班干部都撑公办事，负起责任来，出现了问题不管是哪位班干部都可以向杨波老师或者我直接报告。在我们这里，没有班干部和普通学生的区别。"

"普通学生发现了班里的违纪现象，也可以随时联系我们，我们保证你们的报告不会被别人知道，当然我们也会通过多条途径进行突查，保证处理的公平公正。"

"班里的规章制度等下杨老师会给你们每人一份，以后的那上面要求的就是你们的行为准则，我希望你们都能做到充分的熟悉。"

预期效应说，人们做出符合规则的行为，需要规则的实施符合人们的预期。杨老师定制了一套简明适度的规章制度，并且雷厉风行，说一不二有效地维护了规则的权威，强化了班主任的威信。当然，在实际的学生违反纪律过程中，杨老师并没有对违纪现象一棒子打死，而是对事不对人，让违纪学生得以充分地认同对自己的处理，也维护了学生之间的良好关系。如前文所述，班主任在学生中的威信以及学生之间的良好关系，本来就是班级凝聚力的基础要素。

鲶鱼效应说，要在群体中引入不稳定因素，保持群体的活力，提升群体的整体表现。杨老师在班干部的任免上采取了轮岗制和选举制，保证让所有在位的班干部感受到肩膀上沉甸甸的担子——坐在这个位置上，是要负起责任的。同时也鼓励学生们对班干部进行监督，引发了学生们对轮岗制班干部体系的新异感和渴望，最终造就了一个以具有强大威信的班主任为核心，以高效而称职的班干部为保障，以具有表现欲望和监督职责的普通学生为成员的理想班级体系。

中职学校班级的构建与可持续发展

深圳市育新学校　杨　波

"混沌初开，乾坤始奠。气之轻清上浮者为天，气之重浊下凝者为地。"古时儿童启蒙读物《幼学琼林》开篇便这样写道。人们在认知事物的时候，首先会究其混沌起源，然后再赋予其"七政、三才、众阳之宗、太阴之象"等核心概念，再将这个包罗万象的大千世界逐步认识。从另一个角度考虑，如果说混沌是整体，那么乾坤则为局部，先说混沌，再说乾坤，此即从整体到局部。这也是传统文化中的比较核心思维之一。

作为一名教师，人生的乾坤就在于我们为之付出毕生心血的教育事业上。特别是作为一名班主任，对于一个班级的管理也应遵循从整体到局部的思路，把她当作国家一样去治理，这便需要班主任正视自己，即便谈不上需要经天纬地之才，但也需要理论联系实际，不断提高自身的素养，同时也需要认识自己肩上的责任。

混沌初开，当一个中职高一的班级摆在那里需要你去规划、雕琢，这便需要用心去思考，付诸行动。这里以深圳市新鹏职业高级中学汽修2016（1）班为例，具体分析班级的构建过程与可持续发展路线。

一、班情分析

秦时商鞅变法，在入秦之前便游历整个三秦大地，对地理、人文、经济都进行了详尽的分析。对于班级的管理也一样，应对班级学生的学习情况、性格特点、家庭环境等都进行全面的掌握才能因材施教。进入职高的学生特别是自主招生的学生，在学习成绩上有偏差，部分在行为习惯上还存在一些问题，因此应制定与之相符的期望值。大部分家长对于孩子的期待则是"学门技术，成为有用之才"，特别是取消高一年级工学交替后，班级总人数直接翻倍，在解决实际问题时应以此为基础再着手展开学生、班级工作。

开学之初首先需要建立学生学籍信息，以此为切入点，用心记住每个学生的入学类型、中考成绩大致情况，面试入学的通过简单的口头交流了解学生的语言表达能力，性格特点，建立第一印象，物色班干部推荐名单。同时在学生注册过程中应亲力亲为，与家长的简短交流可以让你对家长的职业、文化层次、对孩子的关注程度有初步的了解，同时也是对学生进行侧面了解的一种方式。在这个过程中做好记录，比如一些学生个人身体的过敏情况、家庭不完整的、学生个别问题突出的、心理指数偏离较大的等等，以便于后期工作的展开。

一般来说，高中入学之初都要进行军训，这也是一个难得的机会。当我说到这里可能大部分人都觉得看五官是多余的，每个人都知道军训对于学生的了解、班级的构建有着重要的意义。但是我这里所要说的是具体的一些方法和心得。军训第一关要面临的便是着装、发型等，处于这个年龄段的学生都已经开始注重自己的形象，因此理发问题也是我们班主任经常遇到比较头疼的问题。其时不用觉得这是一件头疼的事情，换个角度来看，这是一个契机，它会让你很快发现班级哪些同学个性特点比较强，相对比较叛逆，而且通过沟通交流发现他们存在的问题，甚至是家长的态度。多年的后进生专门教育转化经验也告诉我，这些学生也将是你整治班级突出问题的工作重点。在军训期间，大部分班主任要做的事情就是对于新生基本信息和人对上号，外貌特征较为明显的当然不在话下。在参与到军训时，用心观察也会记住那些个性特点比较明显的学生，而另外一部分可以在军训文娱活动的组织参与中完成。剩下的一部分学生，如果你还没有记住姓名的应该是性格相对内向、做事相对中规中矩的学生，这部分学生在完善个人信息的同时鼓励其积极参与活动的自然交流中建立第一印象。一直以来我认为尽快把学生的姓名、个性特点记住才能根据实际情况展开下一步工作，同时对于学生个人也能让他感受到关注和归属感。我记得有个学生曾经向我抱怨，因为他学习成绩不好，平时也不怎么发言，所以到了一个学期结束，老师都称呼他"那位同学"，他感觉很难过。有教无类，教育对每个孩子都是公平的，作为老师在任何时候都应关注到每个孩子。

再次从认知倾向上，通过班级活动了解到班级学生初步形成的价值观是否正向，这很重要。这将直接影响到在班风形成过程中工作的重点。在班级活动的组织中因为个性、目的和认知方式等差异总会出现分歧或者不同的声音。而这些声音就是我们要了解学生的素材，通过具体分析了解整个班级学生的意识形态，再进而进行有针对性的引导。例如，在组织班级烧烤活动的过程中，有约60%的学生认为这是一次有助于帮助大家互相了解的机会，也丰富了学校生活，甚至一部分原来做过班干部的同学能意识到这是一次增强班级凝聚力的机会。而剩下的约40%的学生认为搞活动应该学校出钱、不想参加等，有较强的本我心态，无集体观念，剩下的有的随波逐流，有的甚至明确表示不参加活动但却向家长以参加活动为名义狮子大张口……那么在这个班级学生在人际交往、整体情感态度方面存在较大的问题的时候，就应在班级团结和意识形态引导方面优先展开工作。

二、建立交流

在与学生、家长的沟通交流方面，我一直认为沟通是需要前提的，不能因为沟通去沟通，而这个前提便是建立在感情基础之上的。有人会问，对于一群新面孔建立感情不得需要时间的沉淀吗？这其实是一个理念，在实际操作中以此为根本再讲方法。你要放低身份融入他们的圈子，善于倾听，寻找共同话题。例如建立QQ、微信交流群就是一个好的办法，在班级事务、个别交流上都会有很重要的作用。特别是随着网络与生活的关系越来越密切，也开始影响了人与人之间的沟通方式。这个年龄段的学生处在网络时代，有的学生在语言沟通方面存在这样那样的问题，但是在网络交流上突破当面交流的局限，却显得很自然，在某种意义上会达到心与心的沟通效果。学生和老师之间有着天然的界限，如果是学生自发组织的群形成生态了，老师再加入进去便会很难。如果班主任通过发红包等一些鼓励措施自发组织交流群不仅可以直接与每个学生交流也可以通过班级公告、集体讨论的形式进行班级交流。与此同时班主任也直接参与到这个班级的原始生态形成过程中，属于这个生态的"原著民"。在沟通交流过程中放低身段，忘记自己的身份，对于一些无关痛痒的言辞不需要站在道德的制高点去批判，多观察、记录，甚至说一些俏皮话，一些自嘲的言语，学生常用的网络语言表达方式也能促进学生对老师的接纳。一开始并不需要做什么学生工作、布置班级任务，唯一要做的是让学生忘记班主任的存在，让他们自由沟通，一切顺其自然这样便达到目的了。例如一开始我有事没事发一些好笑的图片，温馨提醒下开会学习地点，互相开玩笑之类的事情。经过一段时间，在这个生态圈子形成后，就要想办法通过争执、契机树立自己在这个圈子的威望，一些合理的分析、公正体谅的言辞，把自己当作一名同学一样的表达语气，成功地处理一两件纠纷，会让当事者和其他人对你给予肯定。通过一段时间的努力，当这一切水到渠成的时候，你再寻找契机与某个同学进行交流便会显得很自然，因为他对你的第一印象已经是一名同学，不会有太多戒备、排斥心理，一切会显得那么顺风顺水。在进行整体工作的时候以自己的威望去引导，效果远强于以班主任的身份去布置工作。同时在以后的生活相处过程中，由于有了这个圈子的基础，学生对老师有了深入的了解和信任，也会达到事半功倍的效果。

同样与家长的交流也是必不可少的，而与成人的交流则更需要用心感化。在家长交流群建立之初大家互不相识也没有什么交流的话题，一些简单的询问无非局限于某某同学在学校表现怎么样，学习认不认真，吃饭睡觉还适应吗之类的。而此时我的做法就是把学生日常生活中的点滴以图片、文字的形式展现出来，对于班级正能量的点评，班级发展规划、教育理念与家长们分享，让家长们觉得作为班主任你是专业的，对你认可，同时班主任与孩子们之间发生的点滴故事展现出来，让家长们觉得把孩子们交给学校是放心的。一方面，家长们也有了交流的话题，另一方面，结合班级发展家长们的家庭教育工作也有了方向，真正起到了学校教育的助力工作。在日常交流分享过程中也可以看到一些热心的家长，鼓励他们积极参与到家委会的筹备工作中来，方便了家长工作的展开。对于学生问题而言，通过网络交流的形式更便捷，也避免了让学生感到"叫家长"的窘迫。当学校组织活动的过程中家长对班主任、学校认可了，也会更进一步提高家长的积极性，在面谈过程中有了一定的相互了解后使得沟通成为更有效的沟通。

三、班级组织

"凡事豫则立，不豫则废。言前定则不跲，事前定则不困，行前定则不疚，道前定则不穷。"

——《礼记·中庸》

对于班级的管理制度的制定与实行也应有充分的准备和准确的预期，之前我容易走进一个误区，就是组织学生民主讨论一番，制定一个所谓的"民主班级"管理规定，然后安排班干部监督实施。

我所在的职业高中已有基本成型的《工学交替模式下班级管理办法》等一系列研究成果。我仔细研读每个文件，结合之前的班情分析，在原有的管理办法上，结合班级特点、民主管理，在整体的管理框架上进行进一步改进和具体实施。有了明确的依据和方向，在制定班级框架、引导学生建立制度、再细化到各项细节都会从容不迫。

在班级框架构建方面，根据《办法》所提及的班委会、班务小组、学务小组、文娱小组的工作职责和建立期望，让每个学生都参与到班级管理中来，提高学生的主人翁精神和班级凝聚力。我在此基础上附加了一个新的部分，就是重视宿舍长的培养。在寄宿制学校的学生除了学习还有一半的时间在生活方面需要关注，这时候宿舍长就起到组织和引导作用，而做好宿舍长的工作对整个班级的发展有着举足轻重的作用。首先在宿舍方面，学生的自由搭配很容易让志趣相投的同学住在一起，他们通过自然选择的方式肯定会出现一个代表人物，这个时候再让他们选举宿舍长会有说服力，大部分被选举出的宿舍长都比较正气，这些宿舍长加以引导和鼓励很容易把整个宿舍的氛围搞得很融洽。但也有个别宿舍长是负能量的代表，这个时候着重去做宿舍长的工作，再通过宿舍长去影响其他人，对于学生工作的介入也找到了突破口。从另一个角度分析，这些充满负能量的宿舍中的孩子大部分都是缺乏家庭、社会的关爱，而这个被选举出来的宿舍长一般来说都比较讲义气，有威信，对这些孩子多一些关爱、重视，对宿舍成员给予更多的温暖，他们会逐步向好的方面发展。

我最先建立起来的是文娱小组，因为一般来说不管是班级还是学校对于新生都期望通过文娱活动来形成班级氛围。在各项文娱活动中或多或少都会有一些学生脱颖而出。而这些学生很容易被大家认可，在民主选举的过程中这些学生当然也会是不二人选。而有些在这方面有才能的学生都性格比较内向，根据建立文娱小组的原则，不仅仅是需要这些学生组织活动，而是希望每个学生参与到班级管理中来，那么对于在文娱方面有特长而性格比较内向的学生如果能鼓励他们参与进来，当然也是再好不过了，而这些学生的发掘就要建立在与家长的有效沟通前提下。通过活动班主任参与进来给予引导，着重培养，使他们逐步步入正轨后，每个人所做的和组织能力也会很快体现出来，然后再去选文娱小组长便水到渠成了。

学习小组的组成，首先作为班主任应根据学生的中考成绩对学生的学习情况有初步了解，再根据各科老师的反馈，了解到每个学生的学习状态。所做的这些并不是要干预班级学习小组的选举，而是注意那些有一定积极性，在学习成绩和学习状态上却存在问题的学生，对于这些学生我们应更多地给予关注，既然他愿意求上进，那么班主任应该给予更多的支持和学习上的帮助。

班务小组需要的是积极、热情、负责的同学，这些学生班主任则需要更多地进行宣传引导，主导整体方向，让同学们意识到责任的重大。这些班干部的培养需要在日常的卫生、内务、纪律、生活等方面手把手地培养，他们将是班级整个环境发展的骨干力量。

当这几个小组步入正轨以后，班委会便从这几个小组中的佼佼者中脱颖而出，再通过竞选班长的方式确定整个班干部的整体结构。

在原有《办法》的工作职责上，我更注重每个小组的工作权限放宽和交叉协助能力。结合实际情况，考虑到班级规模较大和工学交替的大前提，对于第二课堂、部分大课堂难以开展的课程，分成A、B组，这些事务完全由班务小组去统筹安排，教室值日表、大扫除值日表由班务小组自行制定并安排人员监督。由班委会组织一个职能小组建立手机管理制度、班级卫生制度、出操集会制度、宿舍管理制度，班主任再结合原有的制度进行整合形成整体的管理办法。

对于职业高中学生有整体约束地操行评定办法，通过加扣分的奖惩制度对学生进行管理，但是在管理办法中的惩戒机制不宜过于严厉，制度本身的目的在于对学生的教育，我所采用的办法是结合代币管理制度，将课堂评价纳入操行评点办法中来，形成《学生在校量化考核》，我认为，作为学生，最终的着眼点还在于学习。为每名科任老师、生活老师、班委会制定相应的评价表格，这样一来，科任老师进行课堂评价一方面有助于课堂效率的提高，另一方面也无形中参与到班级管理中来，成为班级发展的助力。班委会也提高了相应的管理权限，而《考核》所涉及的就涵盖宿舍生活纪律、课堂评价、班级活动、仪容仪表、人际关系等方面，可以说是涉及了学生生活学习的方方面面，而这些量化考核分数在代币制的成功经验前提下，以活动奖励和纪律教育进行奖励，真正落到了实处，有明确纪律，经得起推敲和申诉，起到其应有的作用。

四、班干部培养

对于班级的各项规章制度的执行以及学生各项行为规范的监督、班级氛围的营造非班主任一己之力所能及的。很偶然的机会随手翻阅了一本叫作《做一个不再瞎忙的班主任》的书，里面大致也提到做事的条理和班干部的培养。一直以来根据我多年来班主任的工作经验，我认为，小班化教学，一个班级有15个以内的学生，这个时候应该是集合团队的力量，对每个学生展开细致的私人定制式的跟踪教育，应涉及个性、家庭、心理健康、人际关系、行为习惯等方方面面。在班级管理的过程中，可以以传统大家长的形式进行教育。当一个班级的人数增加到30个左右的时候就应该转变策略，可依靠大团队理念，化整为零继续展开私人定制式的教育，但是这样会出现各种各样的人为因素影响。最科学的应该是充分发挥班干部的作用，有针对性地做好问题突出学生的工作，以及通过主题教育等集体教育的形式营造良好的整体氛围，用整体氛围来影响个体，从而达到班级的良性发展。当一个班级规模继续扩大，这个时候绝不可能完全依靠班主任来主导班级的各项发展。班级规模的扩大意味着学生问题的多样、人际网络的复杂、对班级的认知理念存在差异。这个时候的班级管理同样应以法制来治班。在制定相应的班级管理规定、方法、奖惩机制等便需要各"封疆大吏"组织"议会"进行"轮流执政"。当结合班主任推荐、班级民主选举等选拔出来的各职能小组班干部以及班委会成员，在实际工作中便需要逐步培养其工作能力。

对于班干部的培养我采用的方式是分各职能小组进行统筹，再让各小组进行自然选择。在文体小组方面开始只是尝试让他们做一些事务性的工作，例如由班主任牵头来配合做一些班级展示栏、班级合唱活动的组织等，在具体的过程中将自己为什么这样做，一些预期因素、可能出现问题都提出来，引导他们在做的过程中进行思考，将自己的一些理念传达给他们，引导他们创设情境，如果自己是班主任，自己会怎么做。组织文体小组的学生去别的班级参观学习，分享心得来共同提高。对于活动的组织对于班干部来说最重要的是让他们明白活动对班级的重要意义，这样才能激发他们的责任感，例如班级合唱比赛过程中，我最主要的目的便是培养问题小组的组织能力，首先让他们明白合唱比赛是班级精神面貌展示的一次机会，是整个班级在大家心目中的第一印象，其次通过活动也能看出各个学生的积极程度，这些积极的同学怎么鼓励，这些消极的同学在乎什么，怎么去鼓励。事无巨细，每一次具体的事情都应该让他们有所收获。我记得后来这次合唱比赛因为彩排效果不好，文体小组的同学自发地组织学生分小组练习——过关，最终成功演出。

对于学习小组的班干部，他们大部分都是在学习上较为突出的，但是在管理方面却不一定有经验，在某种意义上来讲是更欠缺的。那么要让他们在学习上真正起到引领促进作用，首先需要树立他们的威信。我采用的主要有两个路线，一方面，在课堂上积极开展小组合作学习，在合作学习的过程中给他们一个充分发挥的平台，让班级自然组的学生对他们予以认可，提高说服力。另一方面，赋予他们管理的仪式感，制定各学习小组的印章，在作业检查、合作参与等方面以盖章的仪式来完成管理，同时班主任强调印章的重要性，使得他们在管理过程中更有说服力，对于学习小组的个人来讲也会使他们更有使命感。

对于班务小组的班干部，因为他们所涉及的是卫生、纪律等班级相对重要的事务，将其分为两个"议会"轮流执政，一方面可以使得更多的学生参与到班级管理中来，另一方面也引入竞争机制，促进发展。在班干部的培养过程中利用监督、检查的方式结合班级交流群来给予正面引导和积极评价，应调动起他们工作的积极性，多些鼓励少些批评。对于具体工作的安排让他们放开手脚自行安排，如果存在矛盾，班主任主动出面协调，让他们觉得班主任永远是和自己站在一起的，这样才能充分发挥他们的聪明才智和创造性。例如到了后期，负责检查宿舍卫生的同学每天会发布各个宿舍的照片，教室大扫除的都会有检查通报，班级具体事务都会向班委会提出自己的想法。

对于班委会组建起来后班长的培养尤为重要，这个班长不能当作学生来教育和培养，应该把他当作同事一样来尊重和认可，提高他的自我定位。在平时交流的过程中注意把自己的理念和他分享，也可以多听听他对班级发展的一些看法。例如在班级规章制定过程中，班长自发组织班委会成员展开讨论交流会，拿出最终讨论意见，这些并不是我去安排的，而是我在平时与他交流过程中提到的管理理念。我印象比较深刻的是，有一次同学之间发生矛盾的时候他主动出面协调，刚好我也在旁边，他处理事情的方法和言辞几乎和我一模一样，我感觉很惊讶的同时也很欣慰。

五、班级文化与可持续发展

任何一个国家、民族都有着自己源远流长文化，而这些文化也是这个国家、民族发展的灵魂。对于一个班级来说，要良性、可持续发展离不开班级的文化。

对于文化不应是杜撰一句话、一个理念使之成为文化。应该是结合班情分析，班级发展规划自然而然形成的文化。同样以汽修2016（1）班为例，具体分析文化的形成。

在物质文化方面，根据专业的特点，文体小组购置了很多与专业有关的挂件，如锤子、扳手、齿轮等来装饰教室，这便是一种氛围。通过主题班会的了解，学生对自己的未来充满憧憬，而着眼点就在于汽修技术上，如果往认真学习上加以引导，那么"基础扎实、技术过硬"的班训就自然而然地形成。

在平时的接触中，我一直向学生传达一种信息，干一行爱一行，而且做任何事情都要做到最好。改变很多学生、家长对于汽修"黑手"行业的偏见，要有专业自豪感。如果一个人连自己学习的专业、所从事的行业都有天生的自卑感，那么他将不会有长足的发展。而基于这种力求改变的心态，我鼓励学生要打破这些偏见，要团结起来，让整个班级发展得最好。在划分学习小组的时候，有同学提出"北斗七星"的概念，就是要做整个学校班级的泰山北斗，虽然这个很艰难，但是他们都很认同，"北斗七星"的学习小组命名方式也就是这么来的。

各小组通过手抄报的形式展示自己所在的星阵位置的寓意，向着这个目标努力发展。在大家积极展示的过程中，各宿舍长组织各宿舍也从他们的共同爱好中选出一个宿舍的LOGO和个人的生活照张贴在宿舍门口展示，这也是宿舍的一种文化。

班级的精神面貌我觉得也应算作是一种文化，在班级管理规定讨论的过程中对于出操、集会、个人仪容仪表、宿舍内务规范等都进行了规范，而这些规范一定要落到实处。而这些一个个的小细节直接影响着整个班级学生的心态。例如广播操，一开始总会有部分学生凸显个性穿着不同的服装，然后其他同学也会模仿，如果不加以控制会在服装上五花八门，这样一来便会导致大家对广播操这件事情觉得很不严肃，展现出一片懒散的状态。反过来大家都能严格执行，统一着装，从整体上便会重视这件事情，这样才能让整个班级对外展现出一种精神面貌，对内形成一种无形的约束。诸如此类的小细节还有很多，比如：外出必须将椅子归置整齐，每天早晚教室、宿舍卫生、宿舍物品摆置规范，晚自习手机统一放置等等，这些一个个的小细节看似不起眼，但是都会让学生对班级留下好感，从而主动去珍惜这一切。而这些一个个的细节最终成为一种习惯、一种无意识的遵守，这也便成了一种文化，班级便进入了可持续发展阶段。

此外充分发挥班主任的影响力，做好宣传鼓励作用，在学习上提高重视，积极展开与各科任老师的交流，努力提升班级的学习状态，把班级发展的最终着眼点放在学习氛围上。对于正面的闪光点积极总结升华，对于负面的不和谐因素主动消灭的萌芽状态，最终沉淀下来的就是班级同学所共同认可的文化。

六、结语

对于职业高中新班的构建，首先应该详细分析班级各方面的客观条件，建立有效沟通渠道，合理地构建班级框架，做好班干部培养工作，落实好各项细则的执行，根据班级发展的实际情况，赋予班级发展的灵魂，形成班级文化，使班级走上可持续发展路线。

参考文献

［1］程登吉.幼学琼林［M］.张慧楠，译注.北京：中华书局，2013.

［2］戴圣.礼记［M］.胡平生，张萌，译注.北京：中华书局，2017.

［3］梅洪建.做一个不再瞎忙的班主任［M］.福州：福建教育出版社，2014.